京都を愉しむ
Pleasure in Kyoto

菅原道真の史跡をめぐる

五島邦治

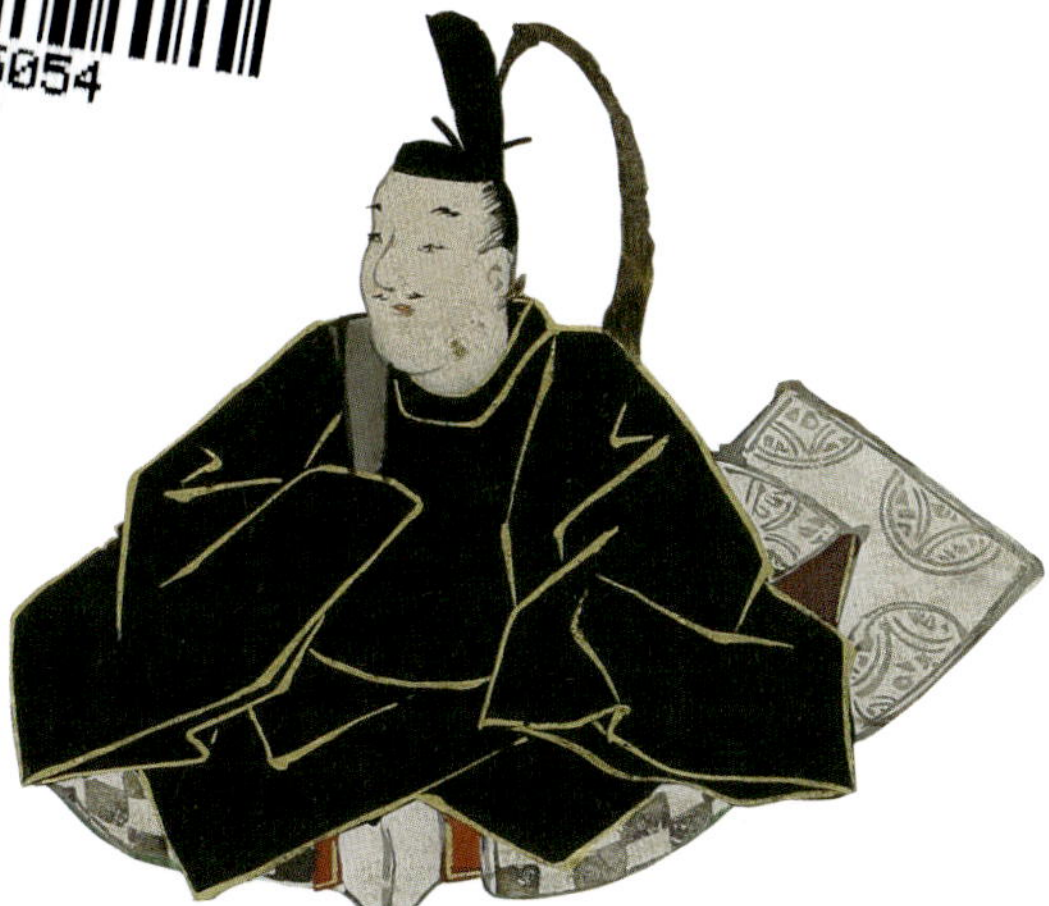

淡交社

はじめに

『尊卑分脈《そんぴぶんみゃく》』という室町時代に成立した系図には、道真《みちざね》だけは実名ではなく「菅家《かんけ》」と書かれている。神になった道真に実名を記すのは憚《はばか》られたのであろう。「菅家」といえば道真のことになる。日記では「聖廟《せいびょう》」と書かれることも多い。「廟」は霊屋《たまや》のことであるが、「聖廟」は天満宮、具体的には北野天満宮のことを指し、つまりは菅原道真その人をいう。「聖廟筆御経」というのは道真が書いた経巻《きょうかん》のこと、「聖廟像」というのは「道真像（天神像）」というわけである。

こうして神になって特別扱いされた道真であるが、当然のことながらかつては生身の人間であった。

彼の作った詩に次のようなものがある。

燈《ともしび》を廻《めぐ》らして束帯《そくたい》す　早衙《そうが》の初め　倦《う》まず街頭に蹇《な》へたる驢《むま》を策《むち》うつことを
暁の鼓《つづみ》は蓼蓼《とうとう》として　何《いず》れの処《ところ》にか到る　南は吏部《りほう》にして　北は尚書《しょうじょ》

（「早衙」・川口久雄校訂『菅家文章』より）

まだ夜も明けない暗いうちから燈火のもとで出勤のための装束《しようぞく》を着て準備をし、馬に鞭打《むちう》って役所への道を走らせると、出勤を促す暁の太鼓の音が響き渡る、というのである。毎日まじめに役所勤めに励んだ仕事人間のようすが窺える。讃岐《さぬき》国の地方長官になってからも仕事に明け暮れ、京都で阿衡《あこう》の紛議《ふんぎ》という事件が起こると、当事者の藤原基経《もとつね》に諫《いさ》めた書簡を送る、という潔癖《けつぺき》で正義の人でもあった。

　こんな真面目人間が突然政略によって貶《おとし》められ、九州大宰府《だざいふ》に流されたのだから、その理不尽さは彼にいかばかりの失望と憤懣《ふんまん》をもたらせたか、想像に難くない。道真の死後、あちこちで彼の言に仮託《かたく》したお告げが起こったのはそんな事情がある。お告げは、こうした政情を微妙に感じとった一般都市民のなかから、疫病《えきびよう》や飢饉《ききん》、落雷をきっかけにして起こり、多くの人々の支持を受けたのである。道真は多くの人々のことばを借りて、さまざまな姿で出現する。口から柘榴《ざくろ》を吐《は》いたり、綱を座にして座っていたり、梅の花に和歌を詠みかけたり、お告げに従ってそうした道真の像が各所に祀られるようになると、次には彼の父母やこどもたち、そして従者、身近にあった牛、松や梅に至るまでが祀られるようになる。各地に多くの道真像のバリエーションと一族郎党が祀られたのはそんな理由による。

　本書は、京都を歩きながらそんな道真に出会ってもらうことを目的として、作られたものである。あちこちで道真のいろんな姿を発見していただくと同時に、わたしたちにとって道真とは何なのか、という問題を考えるきっかけとなれば、このうえもなく嬉しい。

もくじ

第**1**章

菅原道真の父祖

菅原氏の祖先は天穂日命《あめのほひのみこと》を祖とする土師《はじ》氏で、十四代目の野見宿禰《のみのすくね》は土師三百人を率いて殉死者の代わりに埴輪《はにわ》を作ったことで知られる。その子孫、土師古人《ふるひと》らが申請して菅原氏に改姓することが許されたのは天《てん》応《おう》元年（七八一）のことである。その後、菅原氏は律令官人《りつりょうかんじん》としての道を進むことになる。

菅原氏初代古人の子清公《きよきみ》は、幼少より学問に優れ、大学寮《だいがくりょう》に学んで国家試験である対策《たいさく》に及第《きゅうだい》し、遣唐使《けんとうし》として入唐《にっとう》している。帰朝してからも昇進をとげ、従三位にまでなった。その子是善《これよし》は、早くから父清公に学問の指導を受け、大学対策に及第して文章博士《もんじょうはかせ》となり、昇進して参議《さんぎ》に任じられ、公卿《くぎょう》となった。この是善が道真の父である。道真の才能はそうした父祖の基盤のうえに花開いたものである。

土師氏から菅原氏へ

土師氏

古代からの有力な氏族で、垂仁《すいにん》天皇の皇后日葉酢媛《ひばすひめ》の葬儀に際して、野見宿禰が土を以て埴輪を造り、陵墓《りょうぼ》に立てることを進言して許され、その功により土部の職に任じられ、土師氏は天皇の葬儀を掌《つかさど》ることになった。ところが七世紀以降、陵墓の造営が簡素になると、律令官人への転身をはかるようになる。天応元年（七八一）六月に、土師宿禰古人が申請して菅原宿禰とな

菅原天満宮
菅原家発祥の地にあり、祖神の天穂日命・野見宿禰と、菅原道真公を祀る日本最古の天満宮とされる

ったのはそんな状況がある。さらに延暦《えんりゃく》九年（七九〇）十二月には菅原朝臣《あそん》を賜った。

儒家として清公・是善・道真と展開するが、道真の死後もその子孫は紀伝道をもって宮廷に仕えることになった。

菅原の地

土師宿禰古人が菅原宿禰を名のることを申請したのは、大和《やまと》国添下《そうのしも》郡菅原の地に住んだからである。現在の奈良市菅原町で、当地には菅原天満宮が鎮座する。

菅原天満宮
奈良市菅原町518
近鉄橿原線「尼ヶ辻駅」から徒歩約10分
奈良交通バス「菅原神社」下車すぐ

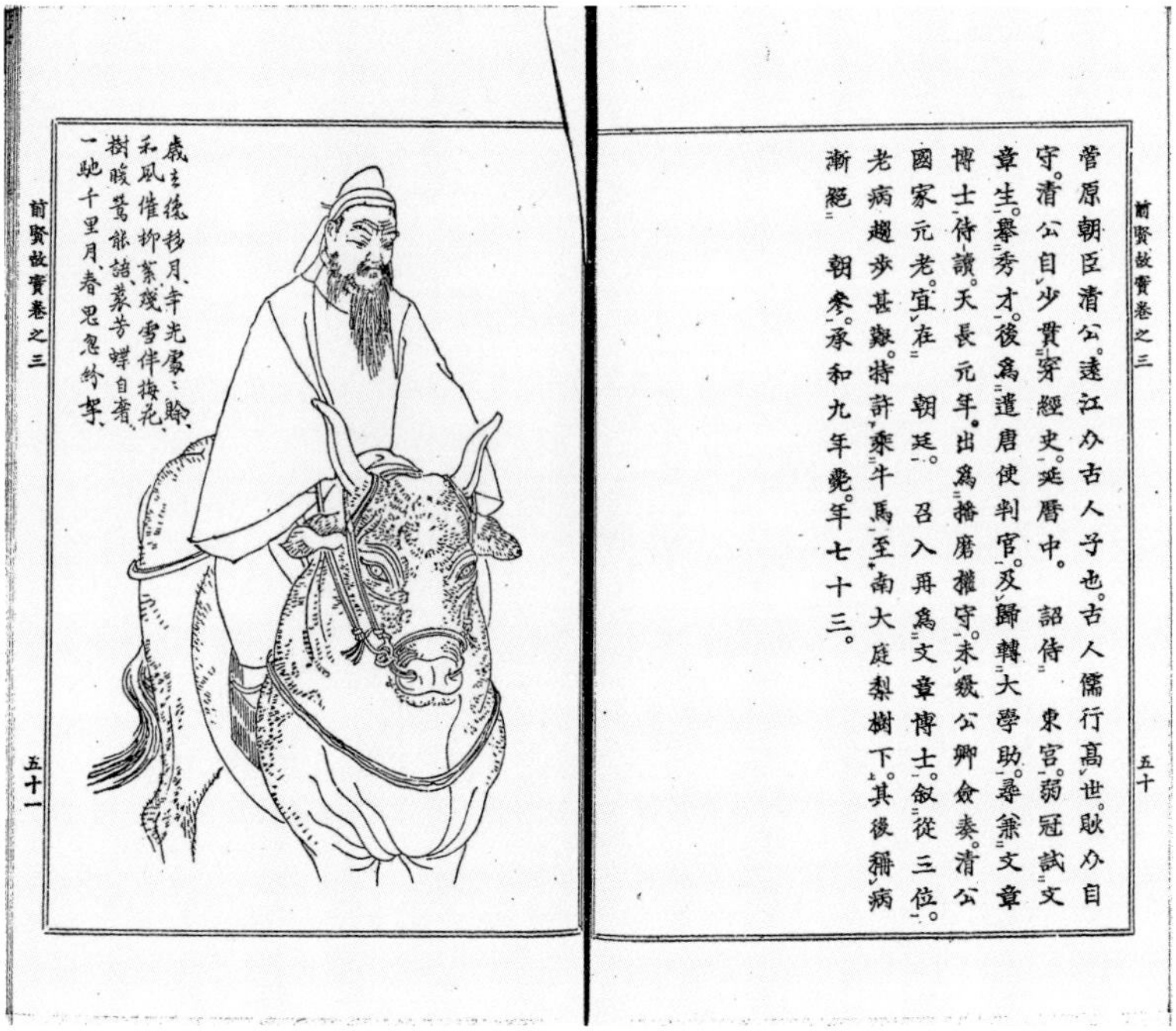

菅原清公像（『前賢故実』より）

菅原清公（七七〇〜八四二）

古人の子。道真の祖父に当たる。幼少より苦学して、二十歳で文章生《もんじょうしょう》、延暦十七年（七九八）には最高の国家試験である対策に及第して大学少允《だいがくのしょうじょう》に任じられた。延暦二十三年には遣《けん》唐判官《とうほうがん》として入唐し、徳宗《とくそう》に拝謁《はいえつ》した。帰国後の昇進もめざましく、大学助《だいがくのすけ》、尾張介《おわりのすけ》、大学頭《だいがくのかみ》、右少弁《うしょうべん》、式部少輔《しきぶのしょうゆう》を経て、文章博士となった。承和《じょうわ》六年（八三九）には従三位に叙せられたが、この頃から歩行が困難になり、牛車で参内することが許された。多くの漢詩が残っているほか、法律書である『令義解《りょうのぎげ》』の編纂《へんさん》にも携わった。

道真の祖父・清公の別業（別荘）の地にたつ吉祥院天満宮。
境内の吉祥天女社は江戸時代の再建

吉祥院

道真の祖父 清公の別荘

菅原清公が遣唐使として入唐したとき、海上が暴風雨に見舞われ、乗っている船が転覆《てんぷく》しかけた。同船していた最澄《さいちょう》とともに吉祥天女《きっしょうてんにょ》に祈ったところ、風雨は静まったという。この感謝のため、帰国後の大同《だいどう》三年（八〇八）、吉祥天を祀《まつ》る堂を造った。これが吉祥院で、清公は毎年十月に吉祥院悔過《けか》を修し、子の是善にも引き継がれたという。

現在の京都市南区吉祥院にある吉祥院天満宮の地がかつての吉祥院の地で、もともと菅原家の別業《べつごう》（別荘）のあった場所だという。いま吉祥院天満宮の境内に、江戸時代に再建された吉祥天女社が残っている。

吉祥院天満宮
京都市南区吉祥院政所町3
京都市バス「吉祥院天満宮前」下車すぐ、
JR「西大路駅」から徒歩約15分
札所：菅公聖蹟二十五拝

吉祥院天満宮境内に立つ文章院聖廟跡の碑
文章院聖廟跡は、文章院に祀られていた孔子廟の跡とされる。文章院は、道真の祖父・清公が建立した大学寮紀伝道の講堂兼寄宿舎

文章院

官吏を養成した大学寮の中心的組織

大学寮紀伝道《きでんどう》の講堂兼寄宿舎を文章院《もんじょういん》といい、菅原清公が建立したといわれている。けれども実際は奈良時代にすでにその名が見える。大学寮にはもともと明経道《みょうぎょうどう》と算道《さんどう》の二科があったが、神亀《じんき》五年（七二八）に紀伝道と妙法道《みょうほうどう》が加わると、平安時代にはとくに歴史と文学を修する紀伝道（文章道）が隆盛し、もてはやされた。そうした事情から、文章院が大学寮の中心的組織とみなされるようになっていた。菅原清公の活躍した時代はちょうどそのようなときである。

大学寮北端の都堂院《とどういん》という建物が文章院に当たるとされている。平安中期には紀伝曹司《きでんぞうし》とよばれる寄宿舎が東西両曹司に分かれ、東曹を大江氏、西曹を菅原氏が管理するようになった。

現在、吉祥院天満宮にある文章院聖廟跡は、文章院に祀られていた孔子廟《こうしびょう》の跡といい、孔子像は境内の吉祥天女社内に安置されている。

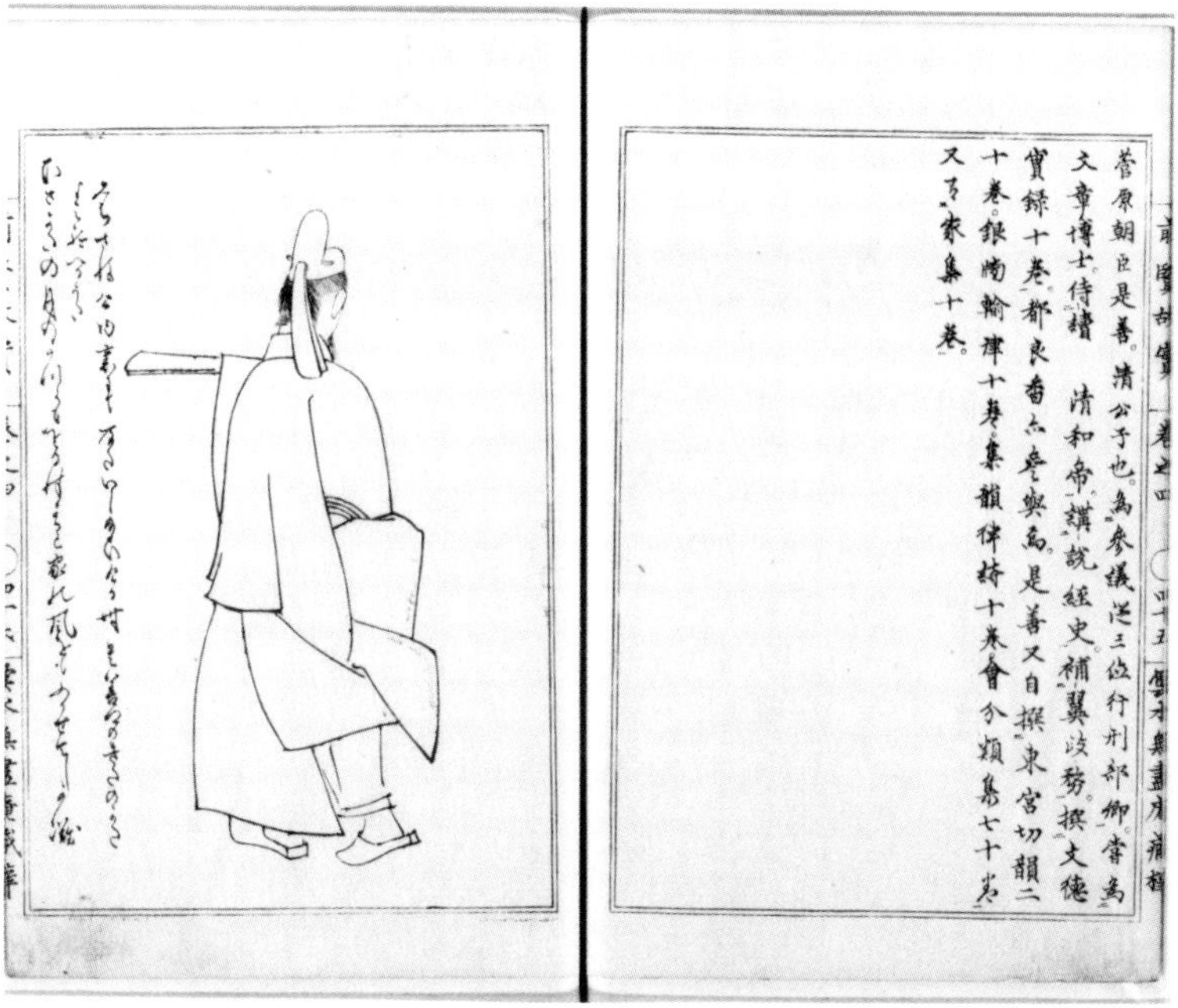

菅原是善像（『前賢故実』より）

菅原是善（八一二〜八〇）

道真の父是善は、菅原清公の四男として生まれる。幼児より聡明《そうめい》で、十一歳のとき天皇の前で書を読み詩を賦《ふ》したという。承和六年（八三六）に対策に及第すると、大《だい》内記《ないき》、文章博士、春宮学士《とうぐうがくし》、大学頭、左京《さきょうの》大夫《だいぶ》、弾正大弼《だんじょうだいひつ》、刑部卿《ぎょうぶきょう》、式部大輔《しきぶたいふ》などを歴任するとともに、美作《みまさか》・伊予《いよ》・備前《びぜん》・播磨《はりま》・近江《おうみ》の国司を経歴、貞観《じょうがん》十四年（八七二）に参議に任じられて公卿となった。文徳《もんとく》天皇、清和《せいわ》天皇に進講するとともに、多くの詔勅《しょうちょく》・願文《がんもん》などを起草《きそう》している。

菅原是善邸址——紅梅殿

下京区仏光寺《ぶっこうじ》通新町《しんまち》西入ルの菅大臣町《かんだいじんちょう》北側には菅原是善を祀る北菅大臣社（紅梅殿）がある（南側は道真を祀る菅大臣神社が所在）。この紅梅殿は古くから南の「天神御所《てんじんごしょ》」とともに道真が生い育った場所として知られ、父是善邸に比定されており、「菅家邸址」の石碑（写真）が建てられている。

北菅大臣社
京都市下京区菅大臣町190
阪急電車「烏丸駅」・地下鉄烏丸線「四条駅」下車、徒歩約5分
札所：洛陽天満宮二十五社順拝

菅原院――菅原是善の邸宅址

菅原是善の邸宅は、平安京左京一条三坊十二町にあったが、この地は勘解由小路《かげゆこうじ》（現、下立売《しもだちうり》通）南、烏丸《からすま》西で、すなわち現在は道真生誕の地として菅原院天満宮神社が鎮座している。この邸宅はそののち藤原行成《ゆきなり》、入道中納言源顕基《あきもと》、摂政《せっしょう》藤原忠通《ただみち》と所有が移り、中世には歓喜光寺《かんきこうじ》があった。

菅原院天満宮神社
京都市上京区堀松町408
京都市バス「烏丸丸太町」下車すぐ、地下鉄烏丸線「丸太町駅」下車すぐ
札所：菅公聖蹟二十五拝・洛陽天満宮二十五社順拝

神護寺鐘銘――菅原是善が銘を起草した「三絶の鐘」

現在、京都市右京区の高雄神護寺《たかおじんごじ》に残されている国宝の梵鐘《ぼんしょう》は貞観十七年に鋳造されたものである。詞（序）を橘広相《たちばなのひろみ》、銘を菅原是善が起草し、書は藤原敏行《としゆき》が筆を執ったといい、三拍子揃ったその美しさは「三絶の鐘」として古くから知られている。是善が書いた銘は八韻でこの鐘の功徳を賛美したものである。

神護寺
京都市右京区梅ヶ畑高雄町5
JRバス「山城高雄」、京都市営バス「高雄」から徒歩約20分
梵鐘は非公開

神護寺の梵鐘
平安時代前期の特徴をよく示し、「三絶の鐘」と称される。三井寺（滋賀県大津市）、平等院（京都府宇治市）の鐘とともに「日本三名鐘」のひとつに数えられる

「北野天神縁起絵巻（承久本）」第一巻第一段　北野天満宮蔵

天神縁起にみる菅原是善と道真の出会い伝説

『天神縁起』の巻頭は、菅原是善の邸宅である菅原院からはじまっている。『天神縁起』が描く邸内はいま梅の花の盛りであるが、その寝殿《しんでん》で是善は縁に座る稚児《ちご》に対している。この稚児が幼い姿の道真で、ひとり遊んでいたのを、是善が容顔ただ人ならぬのを見出し、汝《なんじ》はどこの家の子か、どうしてここで遊んでいるのか、と問うのである。これに対して稚児は、自分には定まって住むところもないし、父母もいない、是善を父としたいというので、是善はたいへん喜び、この子を養い育てたという。

第2章

菅原道真の誕生と栄光

道真は承和十二年（八四五）、代々学問の家である菅原家に生まれた。父是善《これよし》、祖父清公《きよきみ》、ともに優れた学者であった。道真も早くからその才能を発揮し、優秀な成績で方略試《ほうりゃくし》を及第して官人になると、多くの人が彼に文章の代筆を頼むほどであった。順調に昇進を重ねて、仁和二年（八八六）、四十二歳の時には讃岐守《さぬきのかみ》に任じられて地方官としての力量を示す。国司の任が終わって帰京すると、宇多《うだ》天皇に重用され、蔵人頭《くろうどのとう》、参議《さんぎ》、中納言《ちゅうなごん》、ついには右大臣にまで出世するのである。

道真、菅原家に生まれる

道真生誕地のひとつに挙げられる菅原院天満宮神社（上京区、京都御苑の西）の菅公御初湯の井

京都市下京《しもぎょう》区、四条烏丸《しじょうからすま》より少し西南へ行ったところに菅大臣町《かんだいじんちょう》という町がある。祇園祭の時、周辺の町は祇園祭の山《やま》と鉾《ほこ》を出す町内なのに、この町内だけは無関係で、祇園祭の期間、提灯《ちょうちん》も出さずに静かに暮らす。それはこの町には菅大臣神社という菅原道真を祀る神社があって、これに奉仕するための特別の町だったからである。というのも、この地が菅原家の邸宅のあったところで、道真自身もここで生まれ、当社はその由緒をたいせつに伝え、道真を祀ってきた。

実は道真の生まれたと伝えるところにはほかにもいくつかあって、それぞれの根拠をもっている。ひとつは、第一章に述べた上京区の京都御苑の西にある菅原院《すがわらいん》天満宮神社

道真生誕地のひとつに挙げられる吉祥院天満宮（南区）の菅公胞衣塚

（写真14頁）で、この地は道真の父是善の邸宅菅原院のあったところである。現在、境内には「菅公御初湯《うぶゆ》の井」なるものがある。もうひとつは南区の吉祥院《きっしょういん》天満宮で、道真の祖父清公が建立した吉祥院がその根拠になっている。道真は五十歳の賀宴をこの吉祥院で営んだ。現在、境内には「菅《かん》公《こう》胞《え》衣塚《なづか》」といわれる塚が祀られている。

　これらに対して、菅大臣神社が道真誕生の地の理由とするのは、本町を挟む南北の二町分が平安時代に編纂された『延喜式《えんぎしき》』の付図である左京図に「紅梅殿《こうばいでん》」（北側）と「天神御所」（南側）と記され、菅原道真の宅地跡と長らく伝えられてきたからである。道真が書いた「書斎記《しょさいき》」（『菅家文《かんけぶん》草《そう》』）という文にも彼の書斎の場所を「東京宣風坊」としており、その場所は平安京左京の当地に該当する。道真自身の記述であるから、少なくとも菅原家の邸宅をこの地に比定するのは妥当であり、道真誕生地とするのもうなずける。

菅大臣神社の西鳥居

菅大臣神社

道真が生まれた菅原家の宅地跡

仏光寺《ぶっこうじ》通の新町《しんまち》通を西へ入ったところが菅大臣町であるが、その中央南側に菅大臣神社への入口になる鳥居がある。ただし本殿は西を向いていてその正面の西洞院《にしのとういん》側にも門がある。こちらが正門に当たるのであろう。菅大臣町から境内を突き抜けた境内の南にも南口があり、ちょうど道路に囲まれた一町四方の町家群の真ん中の空閑地に神社の建物がある、という格好になる。三方の入口とも、両側に民家に挟まれて鳥居があり、そこから境内に入ると意外と広い敷地で、その静かなたたずまいに驚か

誕生井

本殿の南側に道真の産湯に使った水を汲んだという誕生井がある。明和年間（一七六四～七二）に建てられた碑がある。

北鳥居

本殿前鳥居

される。

十四世紀初頭にはすでに存在したことが確認できるこの神社は、本来これより北一町の地にあり、現在の菅大臣神社の敷地（白梅殿といわれる）には道真の娘で宇多天皇の女御《にょうご》であった衍子《えんし》が祀られ、「尼神社」（雨神とも阿米神とも）とよばれていた。ところが、元禄年間（一六八八～一七〇四）ごろになって北にあった菅大臣神社が当地に移転し、紅梅殿とよばれる元の場所には道真の父菅原是善を祀る北菅大臣社（写真27頁）が置かれるようになった。これが現在の社殿の配置である。

開運無限大

菅大臣神社本殿

権現造《ごんげんづくり》という本殿と拝殿の間を石の間という空間でつないだ建築。複雑な屋根の形をしているので八棟造《やつむねづくり》ともいわれる。現在の建築は、明治前期のもの。

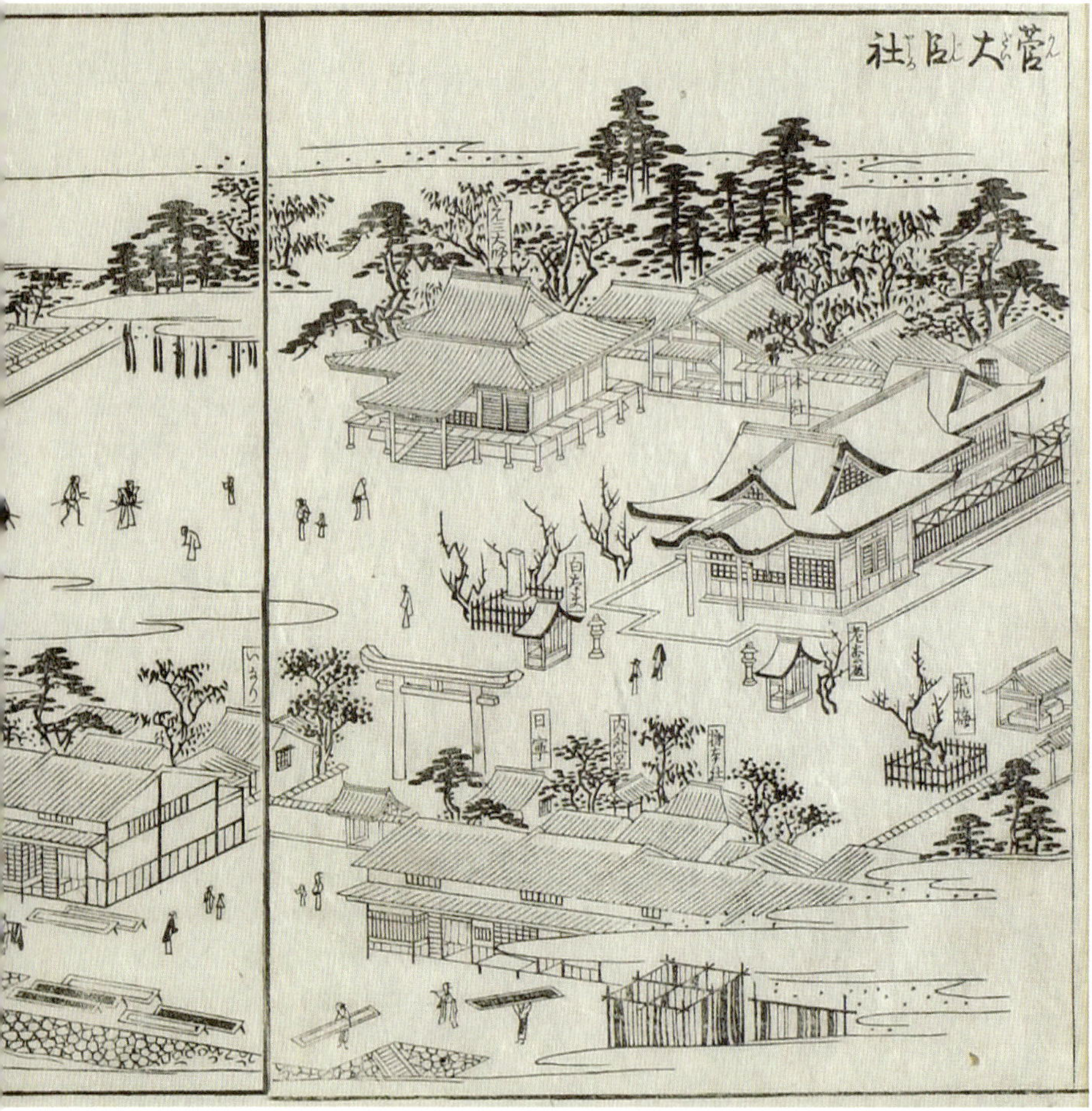

安永九年（一七八〇）に刊行された京都の絵入ガイドブックである『都名所図会《みやこめいしょずえ》』には、当社の境内が西側から描かれている。手前に見える、堀になっている川が西洞院川で、現在はないが、明治初年までは流れていた。境内には、これも現在はない元三《がんざん》大師堂《だいしどう》が見え、神仏習合《しんぶつしゅうごう》の様子がうかがえる。

『都名所図会』
秋里《あきさと》籬《り》島《とう》著、竹原（春潮斎）信繁《のぶしげ》画。安永九年（一七八〇）に刊行された。写実的な絵を大きく取り入れることによって、当時のベストセラーとなり、このあとの「名所図会」出版の先駆けとなった。菅大臣神社の社殿を南

西から鳥瞰《ちょうかん》的に見ている。手前の西洞院通には染物屋が描かれ、櫓《やぐら》を組んで吊したり、板の上に布を置いて乾かす人々の姿が描かれる。この染物は江戸時代以降、この地で発展した黒染めで「憲法染《けんぼうぞめ》」として知られる。

牛

道真を祀る天満宮には、本殿の傍らに神獣として牛がよく置かれる。自分の体の痛い場所や病気の場所と同じ牛の部分をなでて治癒を祈ったり、牛の頭をなでてから自分の頭をさすると賢くなる、といった民間信仰もある。菅大臣天満宮の牛の頭には賽銭《さいせん》が置かれていた。

菅大臣神社
京都市下京区仏光寺通新町西入菅大臣町187-1
阪急電車「烏丸駅」・地下鉄烏丸線「四条駅」下車、徒歩約5分
札所：菅公聖蹟二十五拝・洛陽天満宮二十五社順拝・御霊地三社順拝

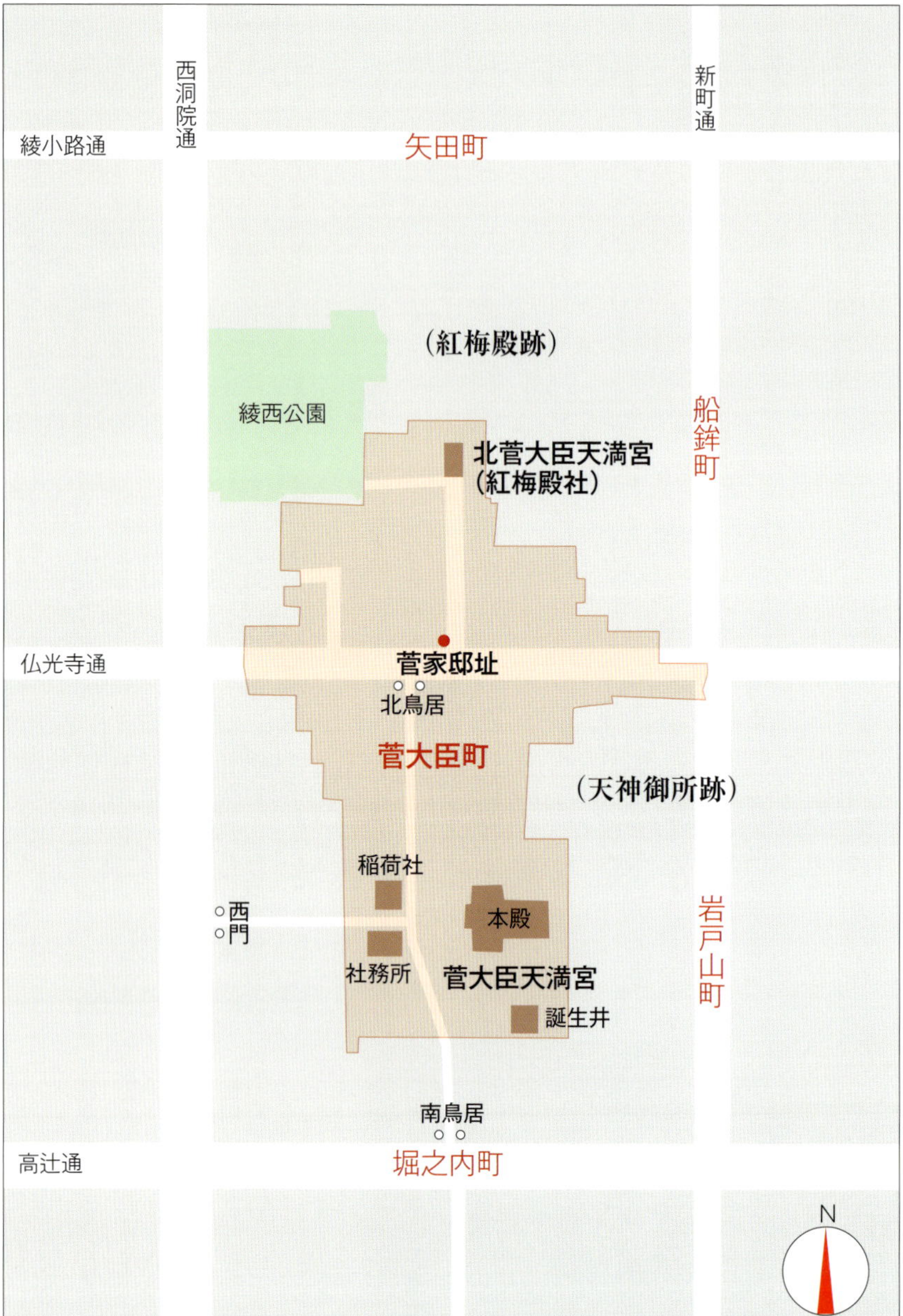

菅大臣町を挟む南北二町分の地図。この二町は曼殊院門跡《まんしゆいんもんぜき》領で、江戸時代までは金剛院・常喜院などの真言宗寺院があり、僧侶が中心となって神社に奉仕する神仏習合の形態をとっていた。

北菅大臣神社

道真の父・是善以来の菅原家の邸宅址

もとこの地は紅梅殿といわれ、道真の父是善以来の菅原氏の邸宅のあったところである。紅梅殿の名は、道真が大宰府《だざいふ》に左遷《させん》されるとき、邸内に植えられていた梅の花との別れを惜しんで「東風《こち》吹かば匂《にお》い起こせよ梅の花　主《あるじ》なしとて春を忘るな」という和歌を詠んだという有名な逸話にちなむのであろう。菅家邸内には「菅家廊下《かんけろうか》」とよばれる廊下があり、多くの学生がこの場所で学び、多くの人材を出したことでも知られる。現在は南側に祀られている菅大臣神社（写真20頁）は、江戸時代前期まではこの地にあったといわれ、南の敷地に移された後は、道真の父是善を祀ったという。

昇進を重ね、栄華を極める

道真は、父是善の厳格な教育を受け、十一歳で詩を作ったというほどの早熟の才能の持ち主であった。貞観《じょうがん》四年（八六二）には式部《しきぶ》省の官人養成機関である大学寮《だいがくりょう》に文《もん》章生《じょうしょう》として合格し、同九年にはさらに上級課程の文章得業生《とくごうしょう》、同十二年には最高の官吏《かんり》登用試験である方略試に合格し、そののち少内記《しょうないき》、民部少輔《みんぶのしょうすけ》、式部少輔・文章博士と順調に昇進を重ねていった。

元慶《がんぎょう》七年（八八三）、渤海《ぼっかい》国から使者として裴頲《はいてい》が加賀《かが》国（石川県）に到着したときは、加賀権守《ごんのかみ》を兼任してこれを迎える役を勤め、

大学寮

大学寮は大内裏の朱雀門の南東、現在のＪＲ二条駅の東部付近にあった。菅原道真のときは、大学寮の最盛期で、多くの学者が出、公卿に昇進するものも多かったが、やがて藤原氏の公卿独占と家職の固定が進むにつれ、衰退した。

鴻臚館

平安京の七条大路北の朱雀大路東西両側に東鴻臚館と西鴻臚館があった。九三〇年に渤海国が滅亡すると施設の存在意義がなくなり、衰微した。写真は、東鴻臚館趾の碑。

堀川院

現在の京都市中京区堀川二条の東南にあった関白藤原基経の邸宅（現在の二条城の東に当たる）。南北二町を占める大邸宅で、基経は重用し重要な儀式はここで行った。円融天皇の里内裏、堀河天皇の皇居となったこともある。発掘調査によってその庭園の一部が検出されている。

平安京の迎賓施設である鴻臚館《こうろかん》で彼らを接待して裴頲と詩を唱和した。

仁和《にんな》二年（八八六）、道真は讃岐守に任じられた。はじめての地方官である。その在任中に起こったのが阿衡紛議《あこうふんぎ》といわれる事件である。これはこのとき宇多天皇が即位し、太政《だじょう》大臣藤原基経《もとつね》の功に感じて基経を関白《かんぱく》にする詔《みことのり》を発したことがはじまりである。基経は慣例によりそれを辞退したのであるが、それに対してなおそれを翻《ひるがえ》して就任を促した勅答《ちょくとう》の文章の中に「宜《よろ》しく阿衡の任を以て卿の任をなすべし」とあった。基経は「阿衡」はただの位であってその職掌《しょくしょう》はないとし、朝廷への出仕をやめ、そのために政務が停滞したのである。これはその勅答の草稿を書いた文章博士 橘《たちばなの》広相《ひろみ》をおとしめるために、基経の家臣の藤原佐世《すけよ》がはかったことといわれる。

これに対して国司として讃岐にあった道真は、基経に対して意見書を出し、この事件が学問の衰退を招き、また基経にとっても益のないことを主張して、事件の速やかな解決を訴えたのである。この意見書の効果は定かではないが、実質的にこののち事件は解決していて、基経は関白になっている。そしてこの意見書は、結果的に基経にとっても宇多天皇にとっても、道真の信頼を高めたといわれている。

讃岐守の任期が終わって京都に帰ってきた道真は、その後官位の昇進を重ねることになる。寛平三年（八九一）にはエリートコースである蔵人頭《くろうどのとう》に任じられ、同じ年に式部少輔、左中弁《さちゅうべん》を兼任した。同五年には参議となって公卿になった。この間の躍進には若い宇多天皇の信頼があったことが考えられる。

寛平六年には大納言に任じられる。歴史的な裏付けはないが、『縁起絵巻《えんぎえまき》』によると道真の五十歳の祝賀が吉祥院で行われたことがみえる。一門の人々が集まり、法会が行われたが、その場に藁沓《わらうづ》を履いた一人の老人が願文と砂金を持ってくる。願文には「北闕《ほっけつ》」（宮中）より彼の限りない長寿を祈願する旨が書かれていたので、導師を勤めていた勝延がこれを賛美した、と記されている。道真の栄華の絶頂期といってよいであろう。

吉祥院天満宮

道真の五十の賀が行われた

現在の京都市南区にある。道真の祖父清公が遣唐大使として入唐したとき、暴風に船が転覆しそうになったが、同船していた延暦寺の最澄とともに吉祥天を祈って難を逃れたので、帰国して吉祥院を祀る寺院を造ったのがはじまりという。

吉祥院天満宮境内（左）と道真が自分の姿を写したと伝える井戸・鑑の井遺構

道真が五十の賀を行った場所であるが、彼の死後、天満宮として祀られた。道真の誕生の地とも伝えられ、胞衣塚《えな》（写真19頁）がある。

吉祥院天満宮
京都市南区吉祥院政所町3
京都市バス「吉祥院天満宮前」下車すぐ、ＪＲ「西大路駅」から徒歩約15分
札所：菅公聖蹟二十五拝

仁和寺《にんなじ》（御室《おむろ》）

道真を抜擢した宇多天皇が造営

光孝天皇が仁和二年（八八六）に大内山に勅願寺として発願し竣工したといわれているが、実質的にはそのあとを引き継いだ子の宇多天皇が造営したもので、光孝天皇の崩御の一年後、金堂の落慶供養を行い、先帝の周忌斎会を修している。醍醐天皇に譲位した宇多上皇は、昌泰《しょうたい》二年（八九九）、権大僧都《ごんのだいそうず》益信を戒師として出家し、寺院の南西に御所を造ってここに住んだ。これを「御室（南御所）」というが、のち仁和寺全体や付近の地名の通

仁和寺・金堂

宇多天皇御陵

称となった。

宇多天皇が、光孝天皇のあとを受けて即位したときは若干二十一歳の青年で、阿衡の紛議などの問題を受けて藤原氏の権力を思い知らされることとなったが、道真を抜擢したのはそんな藤原氏を牽制する意図があったといわれている。しかし、醍醐天皇に位を譲ってみずからはこの地に隠棲するようになると、藤原時平をはじめとして道真に反発する勢力が勢力を増し、さすがの宇多法皇もいかんともできなかった。

仁和寺
京都市右京区御室大内33
京都市バス、JRバス「御室仁和寺」下車すぐ、京福北野線「御室仁和寺駅」下車徒歩2分

第3章

菅原道真の冤罪と左遷

宇多《うだ》天皇から醍醐《だいご》天皇に帝位が移ると、さしもの菅原氏の繁栄も、その後援を失って翳《かげ》りをみせるようになる。醍醐天皇即位の当初は、藤原時平《ときひら》が左大臣に、道真は右大臣に任じられるが、道真の勢力を恐れた時平が、彼に天皇廃立の企てありとして讒言《ざんげん》したのである。そして道真は大宰権帥《だざいのごんのそち》として九州に左遷《させん》されることになる。道真とその一族の悲嘆《ひたん》は見るも痛ましいもので、九州に至るまでの各地にいろいろな伝説を残している。そして任地に赴いた道真は、悲しみと恨みと怒りのなかでそのまま亡くなってしまう。

無実の罪で大宰府へ左遷される

延喜《えんぎ》元年（九〇一）の道真を左遷したときの宣命《せんみょう》によると、彼の娘が醍醐天皇の弟斉世《ときよ》親王の妃《きさき》になっているのを理由に、醍醐天皇を廃して親王を擁立《ようりつ》しようと企んだ、というのがその理由である。同時に四人の子息も諸国に左遷されている。そのとき宇多上皇は、道真の左遷を止めるため、天皇を諫《いさ》めようと清涼殿《せいりょうでん》まで参上したが、道真に恨《うら》みをもっていた蔵人頭《くろどのとう》の藤原菅根《すがね》がこれを天皇にとりつがなかったという。

紅梅殿で、梅花に対し和歌を詠み掛ける道真
「北野天神縁起絵巻（承久本）」第三巻第四段　北野天満宮蔵

飛び梅と紅梅殿

『大鏡《おおかがみ》』や『縁起絵巻』に載る有名な話は、このとき道真が居所の紅梅殿で、折しも馥郁《ふくいく》と香りを漂わせて咲いていた梅の花に対し、「東風《こち》吹かば匂い起こせよ梅の花　主なしとて春を忘るな」と詠み掛けた、というものである。さらにこのゆえに、梅の花は道真を慕《した》って配流地《はいるち》の大宰府《だざいふ》まで飛び来たった。いわゆる「飛び梅伝説」である。

道真が和歌を詠んだ梅の木のあった邸宅紅梅殿《こうばいでん》は、現在の京都市下京区菅大臣町の北側一帯の一町になる。現在、北菅大臣社の社殿からその北にある綾西公園に及ぶ広い地域がこれに該当する。

道真が「東風吹かば」と詠み掛けた紅梅のあった邸宅・紅梅殿の一部は、現在、綾西公園となっている

飛梅天満宮（新日吉神宮）

道真と飛梅の霊を祀る社

飛梅《とびうめ》は九州の地に飛んで行って、現在は太宰府天満宮にあるものが有名であるが、京都にも飛梅を祀る天満宮がある。たとえば京都市東山区にある新日吉《いまひえ》神宮の境内の飛梅天満宮である。新日吉神宮は、永暦《えいりゃく》元年（一一六〇）に後《ご》白河法皇《しらかわほうおう》が当地にあった院御所法住寺殿《ほうじゅうじどの》の鎮守社《ちんじゅしゃ》として、滋賀県の日吉大社《ひよしたいしゃ》を御所の東北に勧請《かんじょう》した神社である。京都女子大学へと登る坂道の途中、右手にある静かな場所に建つ。飛梅天満宮はその本殿の北に本殿と同じ方向に並んで建てられている。新日吉神宮と同じときに造立されたといい、道真と飛梅の霊を祀っている。

飛梅天満宮
京都市東山区妙法院前側町451－1　新日吉神宮境内
京阪電鉄「七条駅」下車、徒歩15分、京都市営バス「東山七条」から徒歩5分

一夜天神堂（壬生寺境内）

西国へ赴く道真が一夜を過ごしたと伝える

京都市中京区壬生《みぶ》にある壬生寺は、地蔵菩薩《じぞうぼさつ》を本尊として奈良時代に創建された古格の寺で、鎌倉時代には鉦《かね》と笛だけの伴奏で演じられる無言劇「壬生狂言《みぶきょうげん》」がはじめられ、いわゆる「壬生のガンデンデン」で知られている。

その壬生寺の表門を入ったすぐ右手に一夜天神堂《いちやてんじんどう》はある。伝えるところによると道真が九州に流される途中、この地に住んでいた親族に会うため訪れ、一晩泊まって名残を惜しんだという。現社殿は、江戸時代後期のものであるが、前に建つ鳥居には「寛文《かんぶん》五年（一六六五）」の年紀があるので、江戸時代前期には祀られていたことが確実である。もっとも『拾遺都名所図《しゅういみやこめいしょず》会《え》』には「北野一夜松の霊を勧請しける也」と書かれているので、これによると北野天満宮が創建されるきっかけとなった道真の託宣《たくせん》（一晩で松を生やそうという告げのとおり松が生えたという伝承〈第五章参照〉）との関係が、本来ということになるだろう。

一夜天神堂
京都市中京区壬生梛ノ宮町31　壬生寺内
阪急電車「大宮駅」・嵐電（京福電車）「四条大宮駅」から徒歩10分、京都市営バス「壬生寺道」から徒歩５分
札所：洛陽天満宮二十五社順拝

菅原道真腰掛石（山崎・離宮八幡宮）

京と難波を結ぶ交通の要所に残る道真ゆかりの腰掛石

道真は京都を出ると西国街道《さいごくかいどう》を下り、山城《やましろ》国と摂津《せっつ》国境にあたる山崎《やまさき》に着いた。この地は山崎津《やまさきのつ》があり、京都と難波《なにわ》を結ぶ交通の中継地になる。ここで船に乗り換えて淀川《よどがわ》を下るという方法もあるが、道真が水路をとったか陸路をとったかは不明である。

現在、離宮八幡宮境内には、道真が西国に赴く途中に休息して座ったという菅原道真腰掛石が、腰掛石天神社の祠とともにある。

菅原道真腰掛石
西国に赴く途中に道真が腰を下ろして休息をとったと伝える。傍らには腰掛石天神社の祠がある

離宮八幡宮
京都府乙訓郡大山崎町大山崎西谷21－1
阪急電車「大山崎駅」下車徒歩3分、JR京都線「山崎」下車すぐ

「右西国道」の道標
山崎は交通の要衝で、京都から摂津国（大阪）へ、さらには瀬戸内海を通じて九州へ赴く幹線であった

塔礎石

山崎は交通の要衝として繁栄し、淀川に面して港があり、対岸の石清水《いわしみず》との間には山崎橋が架かっていた。また河岸と街道沿いには商家も建ち並び、宿泊施設である山崎院が設けられ、その付近には相応寺《そうおうじ》という大伽藍《だいがらん》もあった。現在、離宮八幡社境内にある巨大な塔の心礎《しんそ》は相応寺の塔、もしくは山崎院の施設に関わるものと考えられている。道真がここを通ったときは、この心礎の上に塔がそびえ立っていたかもしれない。

綱敷天神像　自省翁賛　長野・常楽寺蔵
衣冠束帯姿は通常の束帯天神像と同じだが、敷物が綱座の形で描かれるとともに凄まじいまでの憤怒の形相で描かれているのが特徴である

綱敷天満宮

綱を敷いて座る「綱敷天神」を祀る社

現在、西日本各地に、綱敷天神《つなしきてんじん》というなまえの神社が祀られている。道真は、九州の大宰府までの道を、恐らくは京都から西国街道の陸路を牛車で下り、山崎津か難波津《なにわづ》（大阪）で船に乗り換えて瀬戸内海沿いの港に寄りながら、九州に上陸し、大宰府に到った。その途中の寄港地で、道真が船から下りて宿に着くと自分の座が用意されていなかった。彼はその待遇に衝撃を受けるが、そのさまを憐《あわ》れんだ漁師たちが自分たちの使う船の纜《ともづな》を渦巻状にして座とし、道真を座らせたという。彼は、このあまりの仕打ちに対する恥ずかしさと憤《いきどお》りで、一夜のうちに白髪になったという。その綱を敷いて座る姿の天神

像を綱敷天神といい、海沿いのいくつかの寄港地に道真の伝説とともに綱敷天神が祀られている。
その代表的なものに、瀬戸内海に面する播磨《はりま》国飾磨《しかま》郡（現、姫路市飾磨区）に祀られる津田天満神社がある。一般には綱敷天神として知られ、永仁《えいにん》六年の年紀のある「北野天神縁起絵巻」（国重文）を所蔵する。そのほかに神戸市須磨《すま》区の長田《ながた》神社境内の綱敷天満宮、福岡県の東南部、周防灘《すおうなだ》に面した築上《ちくじょう》郡椎田町《しいだまち》の綱敷天満宮（椎田天満宮）、福岡市博多区の袖湊《そでのみなと》に鎮座する綱敷天満宮などがあり、いずれも同様の伝説をもっている。
海には面していないが、京都市内にも綱敷天満宮がある。下京区西七条御領町《にししちじょうごりようちょう》にある綱敷天神社で、現在は付近にあった行衛《ゆきえ》（靭負）天神社と合祀されて、綱敷行衛天満宮とよばれている。かつて江戸時代には南東すぐ近くに松尾大社の末社である月読《つきよみ》神社の旅所があり、三月の松尾祭には桂川を渡ってこの社に神輿《みこし》が渡御《とぎょ》した（現在はこれよりもう少し南、七条御前《おんまえ》下ルにあ

西の京の行衛町の町並み

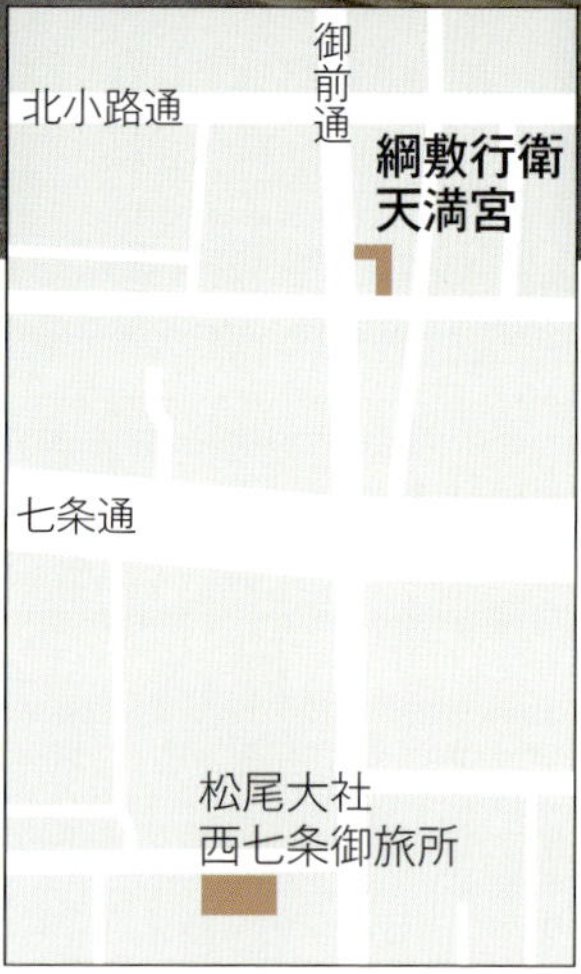

る本社大宮の西七条旅所の地に移されている）。付近はかつては田畑が広がったが、現在は住宅地の真ん中になっている。海からは離れたこの場所にどうして綱敷天神があるのか、その詳細な由緒はわからない。

合祀されている行衛天神社は、かつてこれより一町ほど西の地にに祀られ、その西側を靭負小路《ゆげいこうじ》が南北に通っていたことによる名称である。靭負小路は現在の天神通に当たり、まっすぐ北に行くと西の京の文子天神社、さらには北野天満宮の西側の境界に連なる。反対に南へ行くと吉祥院天満宮に当たる。このゆえに天神が北野天満宮から吉祥院天満宮へ通う道ともいわれるようになった。

綱敷行衛天満宮
京都市下京区御前通北小路下ル
京都市営バス「七条御前通」下車すぐ

第4章

怨霊としての出現

大宰府《だざいふ》で失意のうちに亡くなった菅原道真は、まもなく怨霊となって京都に帰って来る。その最初は比叡《ひえい》山《ざん》の麓の天台僧尊意《そんい》の房《ぼう》である。恨みを晴らそうとする自分を阻止するな、と尊意に懇望するが、それを断られた道真は柘榴《ざくろ》を口から吐いて炎を燃え上がらせる。つづいて自分を讒訴《ざんそ》した藤原時平《ときひら》を病の床に伏させ、眷属《けんぞく》の雷神を使って清涼殿《せいりょうでん》に雷を落とし、何人もの公卿《くぎょう》を焼き殺す。最後にはこの事件に衝撃を受けた醍醐《だいご》天皇までが亡くなってしまう。

尊意と道真が対峙する緊迫の場面
「北野天神縁起絵巻〈承久本〉」第五巻第三段　北野天満宮蔵

道真、怨霊となって尊意と対峙する

恨みを残して大宰府で亡くなった菅原道真が、最初に怨霊《おんりょう》として出現するのは、のちに比叡山延暦寺の座主《ざす》になった法性房尊意が修行する房室《ぼうしつ》であった。妻戸《つまど》をほとほとと叩く音がするので、開けてみると道真の霊であったという。実は道真は生前、尊意から仏法の教えを受けていて、二人は師弟の関係であったという。尊意は持仏堂に道真を招き入れて対面する。道真がいうには、自分はすでに梵天《ぼんてん》・帝釈天《たいしゃくてん》の許しを得て都の人々に恨みを果たすことになった。ついてはあなたがたとえ天皇からの要請があっても、修験《しゅげん》をもってこれを阻止しないでほしい、というのである。尊意は、たしかに道真とは師弟の間柄ではあるが、天皇から勅が三度になったら（三度を重ねるのが当時は最上の礼であった）、この世界はすべて王土なのであるから、これを断

柘榴天神

破れた果皮から真っ赤なつぶつぶの実が現れる、そんな柘榴の実を吐きかけるという表現で、道真の憤怒《ふんぬ》を表現しているのであろう。さらにそれが妻戸に吐きかけられて炎になって燃え立つ。それは怒りが爆裂するさまにほかならない。そうした柘榴を吐く天神が絵にも描かれ、「柘榴天神」とよばれている。

ることができないであろう、といった。

道真はこの言葉を聞いて顔色を変え、喉《のど》の渇きに供するために前に出されていた柘榴の実を口に入れ、妻戸に吐きかけると、炎が立ち上がった。尊意は灑《しゃ》水《すい》の印を結んでこの炎を消したのである。「縁起」によると、焦げた妻戸はいまなおそのまま残っているという。

その後、はたして道真は雷神となって内裏《だいり》に襲いかかる。醍醐天皇は、修験をもってこれを鎮《しず》めようと、尊意のもとに勅使を送り、ついにそれが三度に及んだので、尊意は牛車を仕立てて内裏のもとに駆けつけようとする。ところが鴨川が氾濫《はんらん》して洪水のために渡ることができない。そこで尊意が法力を使って水の中に牛車の通るべき道を作り、無事に内裏に赴き、修験によって道真の怨霊を鎮めることに成功したという。「縁起絵巻」には、氾濫する水の流れを左右に割って、疾風のごとく牛車を走らせる緊迫した場面が描かれている。

法力によって賀茂川の流れを左右に割り牛車を走らせる尊意
「北野天神縁起絵巻〈承久本〉」第五巻第五段

能ではこの道真と尊意のやりとりを題材にしたものがある。「雷電」と「菅丞相」である。両者ともほぼ同じ内容で、前半では、菅原道真の霊（シテ）が尊意（ワキ）の房室を訪れ、尊意に天皇の勅に応じないように懇願するが、聞き入れられず、前にあった柘榴を口に含み、妻戸に吐きかけて、消え失せるまで、後半は天皇の要請を受けた尊意が、雷鳴がとどろき大雨で鴨川が氾濫する中を、法力《ほうりき》を使って内裏に駆けつけ、天皇を助ける、という結末である。「雷電」では、尊意の法力に道真の怨霊が屈服されることになるのであるが、「菅丞相」では、尊意が王法の宣旨の道理を道真に説くと、道真もこれを受け入れて、みずから尊意の乗った牛車の轅《ながえ》に手を添えて内裏まで押し届けた、とこれは少々出来過ぎた結末になっている。「菅丞相」の能は廃曲になっていたが、近年復曲された。

能「雷電《らいでん》」と「菅丞相《かんしょうじょう》」

ちなみに「菅丞相」の「丞相」とは、大臣の中国風の呼び方（官職唐名）で、菅原道真が右大臣になっていたことに依っている。ほんとうは「じょうしょう」と読むのが正しいのであるが、能やその影響を受けた歌舞伎では「しょうじょう」と読み慣わしている。

大飛出《おおとびで》　金剛家蔵

神などの霊的な役柄に使う能面。世阿弥《ぜあみ》の『申楽談儀《さるがくだんぎ》』によると、尊意を訪ねた道真の霊が口を開いて、柘榴をかっと吐いたさまを表現したといわれている。豪快な神威を表現する「嵐山」の蔵王権現《ざおうごんげん》、「賀茂」の別雷神などが代表的な使用例である。

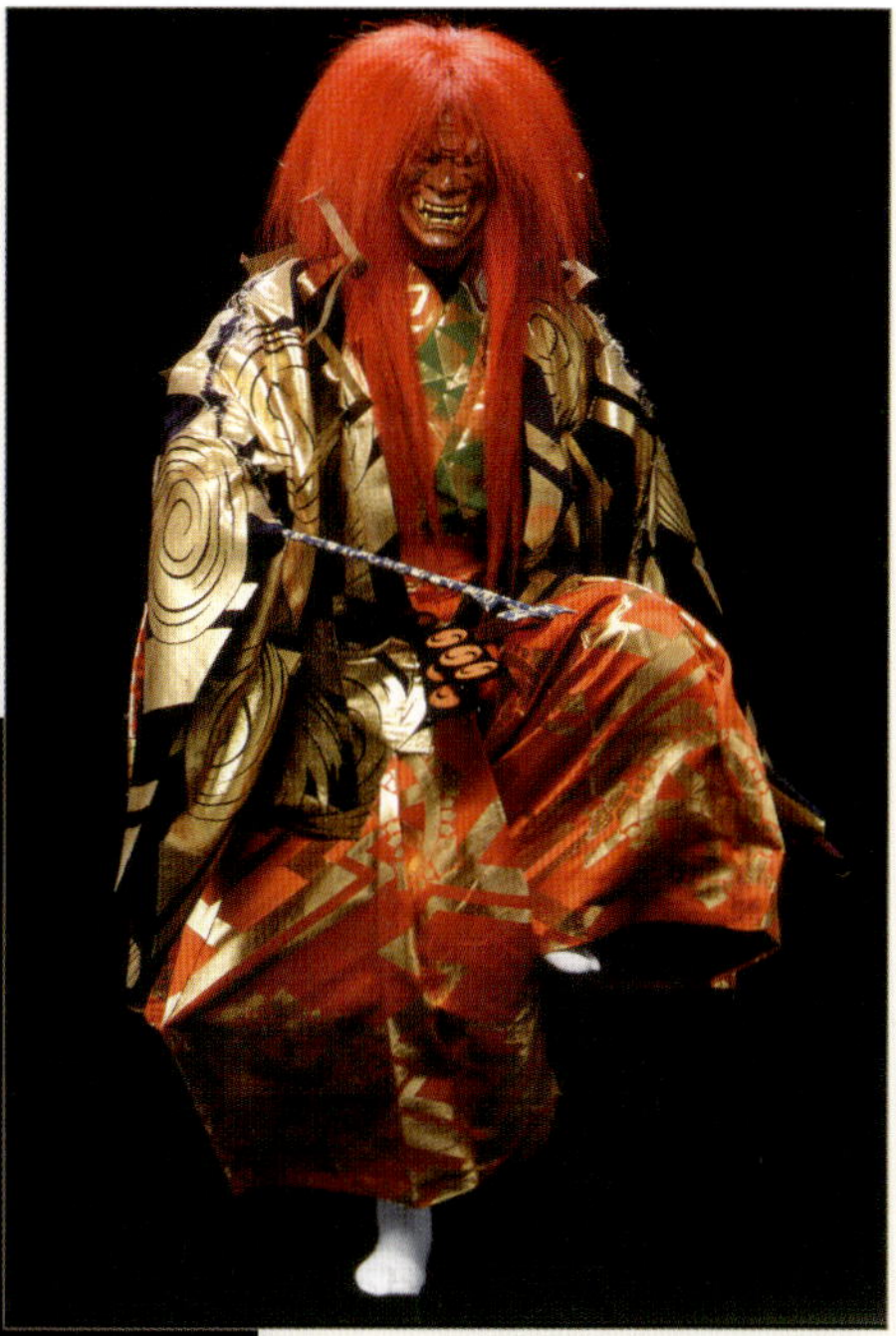

道真の怨霊（雷神）
「雷電」の後シテ　観世喜正
撮影：青木信二

菅丞相の怨霊
復曲能「菅丞相」の後シテ　大槻文藏
京都芸術劇場 春秋座　撮影：清水俊洋　2015年8月2日

八瀬天満宮社

尊意が仏弟子の道真の霊を弔うために勧請

京都市左京区八瀬《やせ》にある。八瀬は比叡山の麓にあって、門跡寺院である青蓮院《しょうれんいん》領として延暦寺の影響の強い場所である。また京都から比叡山に登る道の途中にある村でもある。延暦寺に奉仕した村としても知られるが、朝廷との関係も深く、有名なのは天皇の輦《れん》を舁《か》く役目を担ういわゆる「八瀬童子《やせどうじ》」を出したことである。

八瀬天満宮社はその八瀬村の産土神《うぶすながみ》で、尊意が仏法の弟子でもある菅原道真の霊を弔うため

本殿

に、その死後この地に勧請《かんじょう》したという。境内には、青年の道真が尊意に仏法を問うために比叡山に登る途中、腰を降ろして休憩したという「菅公腰掛石」がある。

境内は深い山の麓にあって巨大な杉に囲まれている。

八瀬天満宮社
京都市左京区八瀬秋元町639
京都バス「ふるさと前」下車、徒歩3分

菅公腰掛石

水火《すいか》天満宮

道真ゆかりの「登天石」

社伝によると延長《えんちょう》元年（九二三）六月二十五日、醍醐天皇の勅願で道真の霊を勧請したという。境内南側の鳥居横にある登天石《とうてんせき》は、尊意が勅を受けて内裏に赴く途中、洪水によって鴨川を渡ることができなかったのを、法力によって神剣をもって水面を切ると水中の石上から道真の霊が昇天して雷雨が止んだ、そのときの石の一片を、尊意が境内に置いた、その石であるという。この石に祈ると迷子がみつかるという迷子石の信仰があるという。

登天石の横には出世石もある。

道真の霊が降り立ったと伝えられる「登天石」

水火天満宮の
西鳥居

「登天石」の右横にある神石「出世石」

水火天満宮

京都市上京区堀川通上御霊前上る扇町722-10

京都市営バス「天神公園前」下車すぐ、京都市営地下鉄烏丸線「鞍馬口駅」から徒歩約10分

札所：洛陽天満宮二十五社順拝・御霊地三社順拝

都に起る災いの数々

延喜八年（九〇八）十月七日、参議《さんぎ》藤原菅根《すがね》が死去した。彼は、道真左遷《させん》が決定されたとき、それを諫《いさ》めようと宇多《うだ》上皇が醍醐天皇のもとに駆けつけたのを阻止したとされる人物で、そのために神罰を蒙《こうむ》ったというのである。

つづいて翌年には左大臣藤原時平《ときひら》も病の床に臥せる。道真の霊気によるところと知った時平は、当時修験の評判の高かった浄蔵《じょうぞう》をよんで祈禱させる。ところが浄蔵の父三善清行《みよしきよゆき》が時平を見舞いに行ったところ、時平の両耳から青龍《せいりゅう》が頭を出し、梵天・帝釈天の許しを得て怨敵《おんてき》に報いようとしているので、子の浄蔵の調伏《ちょうぶく》を止めさせるように言ったという。そこで恐れおののいた清行がその旨を浄蔵に伝えたので、浄蔵は時平の病室を退出した。時平はその後まもなく死去したという。時に三十九歳であった。

時平の両耳から頭を出した青龍が、時平を見舞った三善清行に息子の浄蔵の調伏を止めさせるように告げる
「北野天神縁起絵巻（承久本）」
第六巻第一段　北野天満宮蔵

一条戻橋——あの世とこの世をつなぐ境界

一条通の堀川に架かる橋。室町時代、この地は京都上京市街部の西端に当たっていた。そのためにあの世とこの世をつなぐ境界の不思議なことが起こる場所と考えられ、奇異の伝説がたくさん残っている。近年では付近の晴明《せいめい》神社との関係から、陰陽師《おんみょうじ》の安《あ》倍晴明《べのせいめい》が式神《しきがみ》を隠したところとして知られているが、京都の人は昔からもっぱら「戻橋《もどりばし》」のなまえの由来となった、三善清行が亡くなりその葬列がこの橋を渡ろうとしたとき、駆けつけてきた子の浄蔵がその遺骸《いがい》に一祈りしたところ、たちどころに蘇生《そせい》した、という話をたいせつにしている。その由緒の縁起を担いで、「戻る」という言葉から、太平洋戦争のときには戦地に送る子供をこの橋から送ったり、娘の嫁入りの行列がこの橋を通るのを避けたりした。

一条戻橋
京都市上京区堀川下之町
京都市営バス「一条戻橋」下車すぐ

延長八年（九三〇）六月二十六日、内裏清涼殿に再度落雷があり、大納言藤原清貫《きよつら》は着衣に火が付いて焼死し、右中弁《うちゅうべん》平《たいらの》希世《まれよ》は顔を焼かれて柱の下に倒れ伏した。これは道真が「天満《てんま》天神《てんじん》」となって、その十六万八千の眷属《けんぞく》のうち「第三使者火雷《からい》火気毒王《かきどくおう》」に命じて起こした仕業《しわざ》であるという。この事件を契機に醍醐天皇もやがて病に臥し、皇子の朱雀《すざく》天皇に皇位を譲って九月二十九日に崩御した。

清涼殿

叙位や除目など
政治的な行事が行われた場

現在の京都御所にある清涼殿は、天明八年（一七八八）のいわゆる天明大火で焼失した後、裏松固禅《うらまつこぜん》の『大内裏図考証《だいだいりずこうしょう》』による研究成果をもとに平安時代の姿に復興したものがもとになっている。建物はその後再び焼失するが、安政二年（一八五五）に同じ規模・姿に再建された。本来の内裏は現在の中京区千本

内裏清涼殿への二度目の落雷。病の床につく時平の姿を描かれている「北野天神縁起絵巻（承久本）」第六巻第三段　北野天満宮蔵

出水付近にあたるが、その後、度重なる変遷を経て、現在の場所に定まったのは南北朝時代のことである。建物も、何度も建て替えられているので、現在の建物はむしろ復元建築と考えた方がよい。清涼殿は、節会《せちえ》などの大きな儀式が行われる紫宸殿《ししんでん》に対して、天皇の日常的な生活の場であった。東庭を正面として身《も》舎《や》の中央に昼御座《ひのおまし》、その北側に寝所である夜《よんの》御殿《おとど》があり、天皇が普段の生活をしたほか、叙位《じょい》や除目《じもく》といった政治的な行事も行われた。公卿たちは主として東面の簀子縁《すのこえん》に祗候《しこう》した。

清涼殿

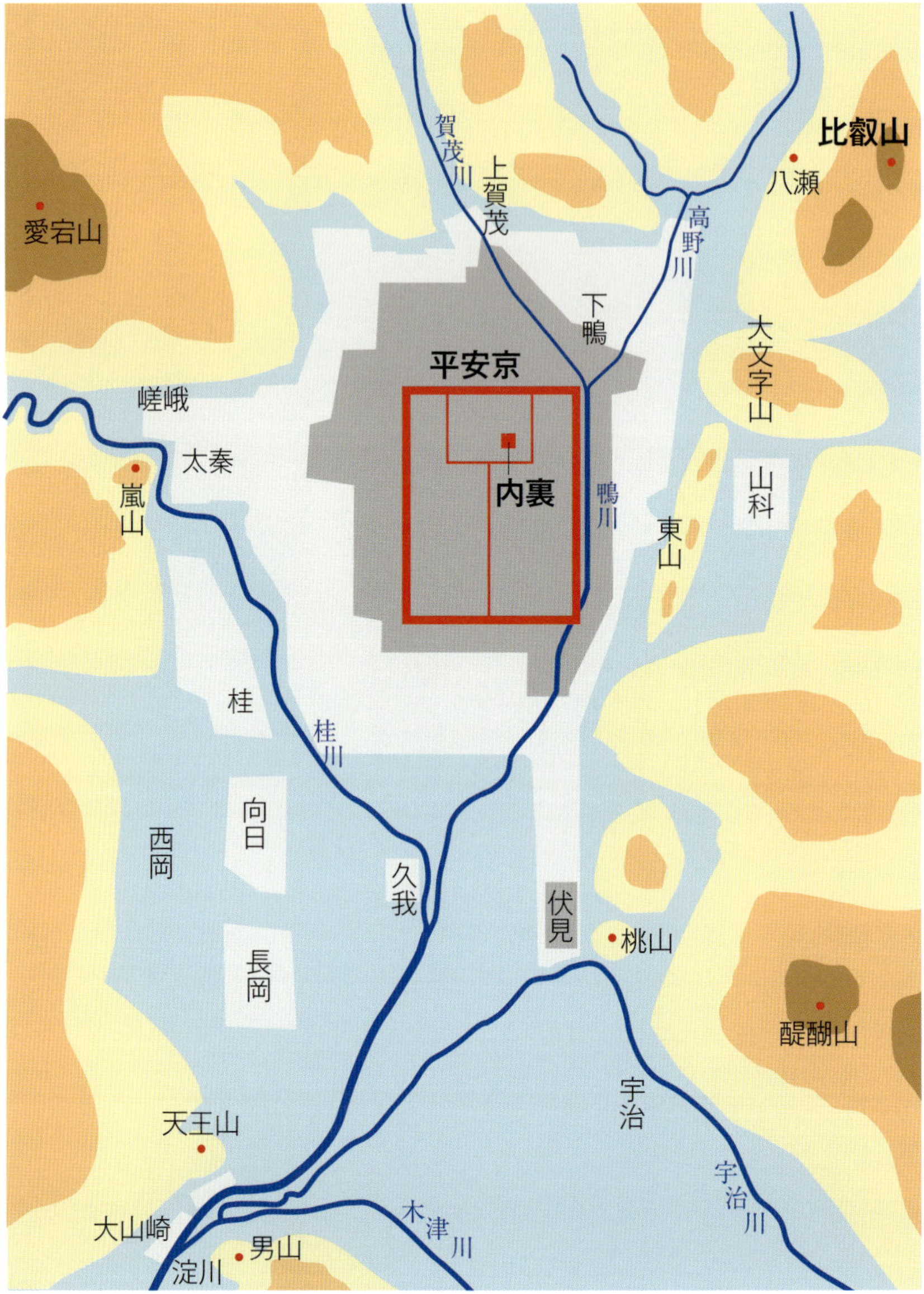

平安京と比叡山（延暦寺）の関係

延暦寺のある比叡山は平安京の東北（乾）の忌門の方向にあたり、八瀬はその西南麓にあたる。尊意の房から宮中に参上するには鴨川を渡る必要があった。

第5章

祀られる菅原道真

承平《じょうへい》四年（九三四）、大和国《やまと》金峯《きんぷ》山《せん》で修行中の僧道賢《どうけん》上人（日蔵）が頓死《とんし》し、地獄巡りをする。その間、地獄で「大政威徳天《だじょういとくてん》」と崇められた菅原道真や、苦悩する醍醐《だいご》天皇に出会い、蘇生したのちこのことを語る。その後、天慶五年（九四二）、西京《にしのきょう》の多治比《たじひの》あや子に道真の託宣《たくせん》があり、また同九年には、近江《おうみ》国比良宮《ひらのみや》の禰《ね》宜《ぎ》神良種《みわのよしたね》の子太郎丸にも同様の託宣があり、ともに協力して北野の右《う》近《こん》の馬場《ばば》に道真を祀る祠《ほこら》を建立することになった。これが現在の北野天満宮の起こりである。

「北野天神縁起絵巻（弘安本）」「あや子託宣」 部分
Image:TNM Image Archives

道真の託宣が相次ぎ、「右近の馬場」に祀られる

天慶《てんぎょう》五年（九四二）七月、童女多治比あや子が右京七条二坊十三町（現在の京都市南区）で受けた道真の託宣とは、道真は生前に平安京の北郊にある「右近の馬場」（現在の北野天満宮の地）を遊覧したことがあり、御霊となってのちもここに到ると、そのころを思い出して憤《いきどお》る心が一時的に鎮《しず》まる、そこでこの地に社殿を造って自分を祀れば恨《うら》みを収めるであろう、というものであった。あや子は、史料によって「奇子」「文子」「綾子」などと、いろいろな表記で書かれるが、要するにこの地に住んだ巫女《みこ》だと考えられている。しかしこのときあや子は、賤《いや》しい身分のこととて託宣のいう右近の馬場には社殿を構えることが叶わず、やむをえず自分の邸内に小祠を造って道真を祀ったという。

北野天満宮一の鳥居

ところがこれから間もない天暦《てんりやく》元年（九四七）三月十二日、近江国高島郡（現、滋賀県高島市、琵琶湖の西岸に当たる）比良郷の神良種の子で太郎丸という七歳の子にも、同様に右近の馬場に移りたい、という趣旨の道真のお告げが降りる。道真は、自分の告げが真実である証拠を見せるためにその地に松を生やそうと約束するが、良種が右近の馬場に赴き、かの地の朝日寺の住持最珍《さいちん》、弟子の法儀《ほうぎ》・鎮世《ちんぜい》にこのお告げの内容を話し相談していると、実際に、一夜のうちに数千本の松が芽生え、たちまちに松林になって、託宣が真実であることを証明したという。そこで、良種はこの朝日寺最鎮と弟子の法儀・鎮西、さらには俗人の狩弘宗などを率い、そして先に述べた多治比あや子とその勢力である僧の満増や増日、俗人の星川秋永らの協力をも得て、あや子の邸内に祀られていた祠を右近の馬場に移し、協力して現在の北野天満宮の基礎をつくったのである。この年の六月九日のことであった。

文子天満宮（北野天満宮境内）

多治比あや子が邸内に祀っていた道真の霊祠を移す

境内の、本社の東北に祀られる文子天満宮《あやこてんまんぐう》は、もと多治比あや子が邸内に祀っていた菅原道真、すなわち天神の霊祠を移したものという。もと北野天満宮の南の西京北町（現、文子天満宮旅所地）にあったが、明治六年（一八七三）に、本殿東南の校倉《あぜくら》の北（現在の宝物館付近）に移されたのち、現在のこの場所に再度移された。

文子天満宮旅所

かつて文子天満宮が祀られていた地

北野天満宮の南に広がる一帯の地区は西京《にしのきょう》とよばれ、門前町を形成していた。そのほぼ中央、北野神社境内の西側に沿ってまっすぐ南へと下る天神筋《てんじんすじ》通を下立売《しもだちうり》通との辻まで行った場所にあるのがこの旅所で、明治六年に本社境内に移されるまで、この地に文子天満宮があった。

正徳《しょうとく》元年（一七一一）に白慧《はくえ》が編纂《へんさん》した地誌『山州名跡志《さんしゅうめいせきし》』によると、「当社は菅神御霊、始め七条婦人文子に遷て神託あり。すなわちもってその宅地に鎮座するところなり。その後、この此地に移ると云々」とあって、多治比あや子が託宣を受けて祠を祀った七条の自邸からこの場所に移したのだという。

文子天満宮旅所
京都市上京区北町５４６
京都市バス「北野中学前」下車すぐ、ＪＲ嵯峨野線「円町駅」下車、徒歩約５分

文子天満宮祭

「あや子さんのお祭」として親しまれる

四月第三日曜日の三日前の木曜日に、この文子天満宮旅所へと本社・文子天満宮から神輿《みこし》の渡御《とぎょ》があり（神幸祭《しんこうさい》）、三日間祀られた後の日曜日に、再び本社地に帰って行く（還幸祭《かんこうさい》）。もともと祭日は本来四月十六日であったのが、他の多くの神社と同様、奉仕する人たちの都合により、近年、日曜日に変更された。さらにそれ以前、江戸時代の祭日は七月十六日であったが、盂蘭盆《うらぼん》と重なるので、四月に変更されたともいう。瑞饋祭《ずいきまつり》を運営する「西之京瑞饋神輿保存会」がこの祭の世話を兼ねている。いまなお西京の人々は、この祭を「あや子さんのお祭」と親しみを込めた言葉でよんで、神輿を迎える。

ちなみに、旅所の地には、明治になるまで、天満宮創建の功労者である多治比あや子の子孫と称する「上月文子」という巫女《みこ》が住んでいた。彼女は、仁太夫とか半竹などとよばれたりする北野社の下級神職を夫にもち、その間に生まれた娘を代々巫女とし、あるいは男子の場合は養子に巫女を迎えて、血縁をもって巫女の役職を継いできた。そして、北野本社の天神信仰からはかなり独立した形で、その西京の私宅を中心に、民間の人々に対して独自の宗教活動をしたらしい。「日参講《にっさんこう》」とか「神楽講《かぐらこう》」といわれる組織がそれで、西京の範囲を超えて市中に広がっていたと思われる。

現在、市中には「文子天満宮」を称する小社がいくつかある。その由緒はさまざまであるが、こうした江戸時代のあや子信仰が基盤になっていることが推測できるであろう。

文子天満宮

北野天満宮の前身

もと右京七条に、多治比あや子が祀っていた社殿を当地に移したという。菅原道真が、大宰府《だざいふ》に左《さ》遷《せん》される途中に立ち寄って腰掛けたという腰掛石がある。東本願寺境内にあったらしく、その関係が考えられる。

文子天満宮
京都市下京区間之町通花屋町下ル天神町400
地下鉄「五条」下車、徒歩約5分
札所：洛陽天満宮二十五社

神明神社（綾小路神明社）

源頼政の鵺退治の逸話も伝わる

境内に合祀される文子天満宮は、もとは近くの仏光寺《ぶっこうじ》通 東洞院《ひがしのとういん》東入ルの地にあったが、この地に豊園小学校（現、洛央小学校）が建設される際に、綾小路《あやのこうじ》高倉西入ルの神明神社境内に移された。付近の人々の篤い信仰を受けていたという。

神明神社
京都市下京区綾小路通高倉西入ル神明町
阪急電車「烏丸駅」・地下鉄烏丸線「四条駅」下車、徒歩約5分

白鬚神社

道真の託宣を得た神良種ゆかりの比良の社

白鬚神社
滋賀県高島市鵜川215
JR湖西線「近江高島駅」下車、徒歩約30分

縁起によると、多治比あや子が邸内に天神を祀る小祠を構えてしばらくのち、近江国の比良社の禰宜・神良種の七歳の男子、太郎丸にも同じような天神の託宣が降りたという。それによると、右近の馬場は「我が饗宴の地」で、そこに移ろうと思う。そのほとりに松を植えよ。また懺悔《ざんげ》のために法華三昧堂《ほっけざんまいどう》を建てて、時ごとに大法螺《おおぼら》を吹いてくれたならばどんなにうれしいことだろう。自分の印である松を生えさせてその場所を示そう、というのである。

そこで良種が右近の馬場に赴き、その地の朝日寺の住僧最鎮・法儀・鎮世らとこの託宣について相談している折、一夜のうちに数千本の松が生え、たちまちに林になったという。

その比良社は滋賀県高島市にある現在の白鬚《しらひげ》神社に比定されている。当社は琵琶湖に面した山際にあり、鳥居が湖の中に立っていることでも有名である。

一の鳥居から東門へといたる南北二百メートルほどの細長い部分。同社の社報によると大同二年（八〇七）に開かれた日本最初の競馬場という

右近馬場

道真が「我が饗宴の地」と託宣

多治比あや子が受けた道真の託宣にあった、彼が生前にしばしば遊んだという右近の馬場とは、天皇のもっとも近くで警衛する宮中の守衛隊、右近衛府《うこのえふ》の軍隊が馬術を鍛錬するための馬場で、平安京右京一条西大宮の北西にあった。毎年、近衛《このえ》の舎人《とねり》が五月四日に荒手結《あらてつがい》、五月六日に真手結《まてつがい》といわれる騎馬を競った。ちょうど現在の北野天満宮の一の鳥居東辺から南、下の森の参道がそれにあたるという。縁起には「都のほとり閑勝の地、この所にしくはなし」とあるように、閑静な景勝地であったという。

影向松《ようごうまつ》
一の鳥居の東側の垣に囲まれた大きな松には、古来、雪が降ると神が降臨してその風景を詩歌に詠むとされ、初雪の際に神官が硯と筆を神を供える神事が行われる（初雪祭）。

本殿

権現造《ごんげんづくり》といい、入母屋造《いりもやづくり》の本殿と拝殿《はいでん》を石の間といわれる土間の床でつなぎ、雄大な化粧屋根裏《けしょうやねうら》で覆っている。平安時代からこの形式であったというが、現在の建物は慶長《けいちょう》十二年（一六〇七）に、豊臣秀《とよとみひで》頼《より》の寄進によって建てられたものである。桃山時代の世相を背景に、拝殿、本殿をはじめ回廊《かいろう》の蛙股《かえるまた》・欄《らん》間に施された豪華で彩色豊かな彫刻群も見ものである。

北野天満宮

天神信仰の中心

天暦元年六月九日、多治比あや子と僧満増・増日、星川秋永らの勢力、神良種と朝日寺の住持最珍、弟子の法儀・鎮世らの勢力が、協力して右近の馬場の地に道真を祀る社殿を構えたのが、北野天満宮のはじまりである。その後、天徳《てんとく》三年（九五九）には、右大臣藤原師輔《もろすけ》によって自邸の建物が神殿として寄進されたが、それは師輔の父忠平《ただひら》（時平の弟で、時平とは違って道真と好誼《こうぎ》を通じていたという）以来の道真との親しい関係によったという。

三光門《さんこうもん》

拝殿前は回廊を囲んで広場を作っているが、その広場に入る中門《ちゅうもん》を三光門という。建築年代は拝殿・本殿と同時期であるが、蛙股・欄間彫刻は色彩の豊かさと彫刻の種類の豊富さで、豪勢を極める。門の由来となった「三光」は、星・日・月の三つの光をいうが、実際の彫刻には太陽と月はあるが、星がないので、「星欠けの三光門」として知られる。

北野天満宮
京都府京都市上京区馬喰町
京福電車北野線「北野白梅町駅」下車、徒歩約5分、京都市バス「北野天満宮駅」下車すぐ

太陽の彫刻（上）と
月の彫刻（下）

境内を巡る

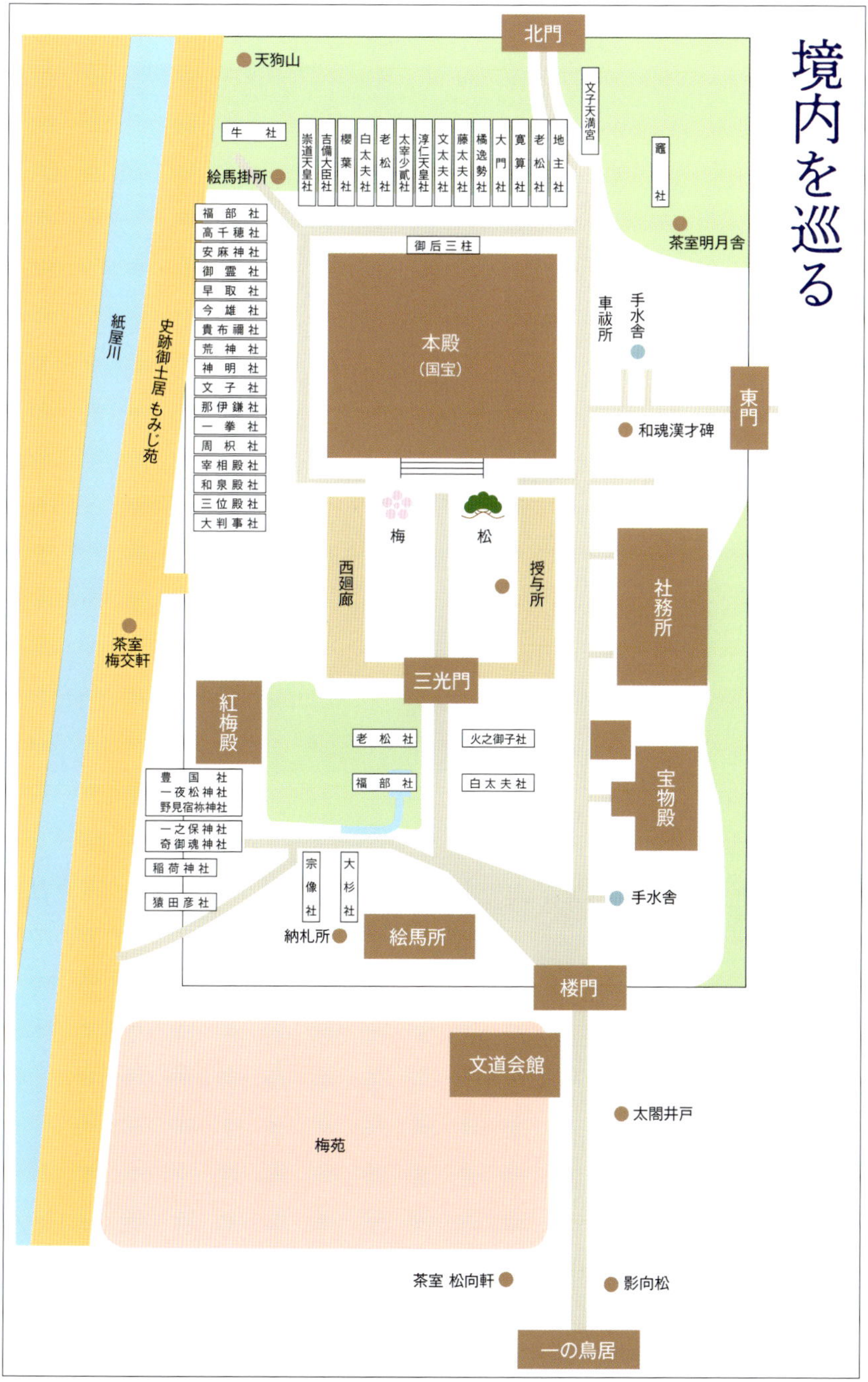

北野天満宮境内図

地主社《じぬししゃ》

本殿の北に並ぶ摂社《せっしゃ》のうち、一番東側の神社で、北野天満宮が祀られる以前からあった土地の神。天地すべての神を祀るとされる。そのため本殿は北野天満宮の南北に走る参道の軸からは西に外れているのに対して、本社は直面して軸上に当たるという。

牛社《うししゃ》

境内西北にあって牛を祀るこの社は、学業成就の神として知られ、受験合格を祈願する参拝者で絶えない。牛社の周辺には祈願や御礼の絵馬であふれんばかりである。

絵馬堂《えまどう》

本殿の西南に位置する床のない吹き放ちの瓦葺《かわらぶ》きの建物。神社に奉納された江戸時代からの絵馬が長押《なげし》の上の柱間に重なるように懸《か》け並べられている。その中には長谷川等伯《とうはく》の大絵馬「昌《しょう》俊《しゅん》弁慶《べんけい》相騎《そうき》図《ず》」（重要文化財）や狩野山楽《かのうさんらく》の「曳《ひ》き馬」のような有名な絵師のものもあって、現在は宝物館に移されている。

茶屋《ちゃや》

東門の側にある茶屋はふだんは閉まっているが、毎月二十五日の天神の日には、近所の下《しも》の森《もり》の長五郎餅《ちょうごろうもち》の店が茶屋を開いてくれる。薄暗い土間の中の床机《しょうぎ》に座ってお茶をよばれると、なんとなく江戸時代の参詣をしている気持ちにさせられる。

御土居

竈社《かまどしゃ》

本殿の東北にある社殿で料理を作る竈の神を祀る。元来、この場所には、神に供える日々の食事、すなわち神饌《しんせん》を作る神饌所のあったところで、その調理を作るため竈があったために、その跡に竈社が祀られた。またその左手にある手洗所も神饌所にあった井戸であった。

大黒天《だいこくてん》の燈籠《とうろう》

三光門の東南にある大黒組が寄進した石燈籠には大黒天像が彫られている。その鼻の穴（あるいは口）が大きくえぐれていて、そこに小石がうまく乗る（収まる）と金持ちになるとか、近年では受験生が試験に落ちないとか、いつの間にかそんな民俗信仰ができた。現在も石を載せる人が多く、鼻の穴が大きくなった。

御土居《おどい》と紙屋川《かみやがわ》

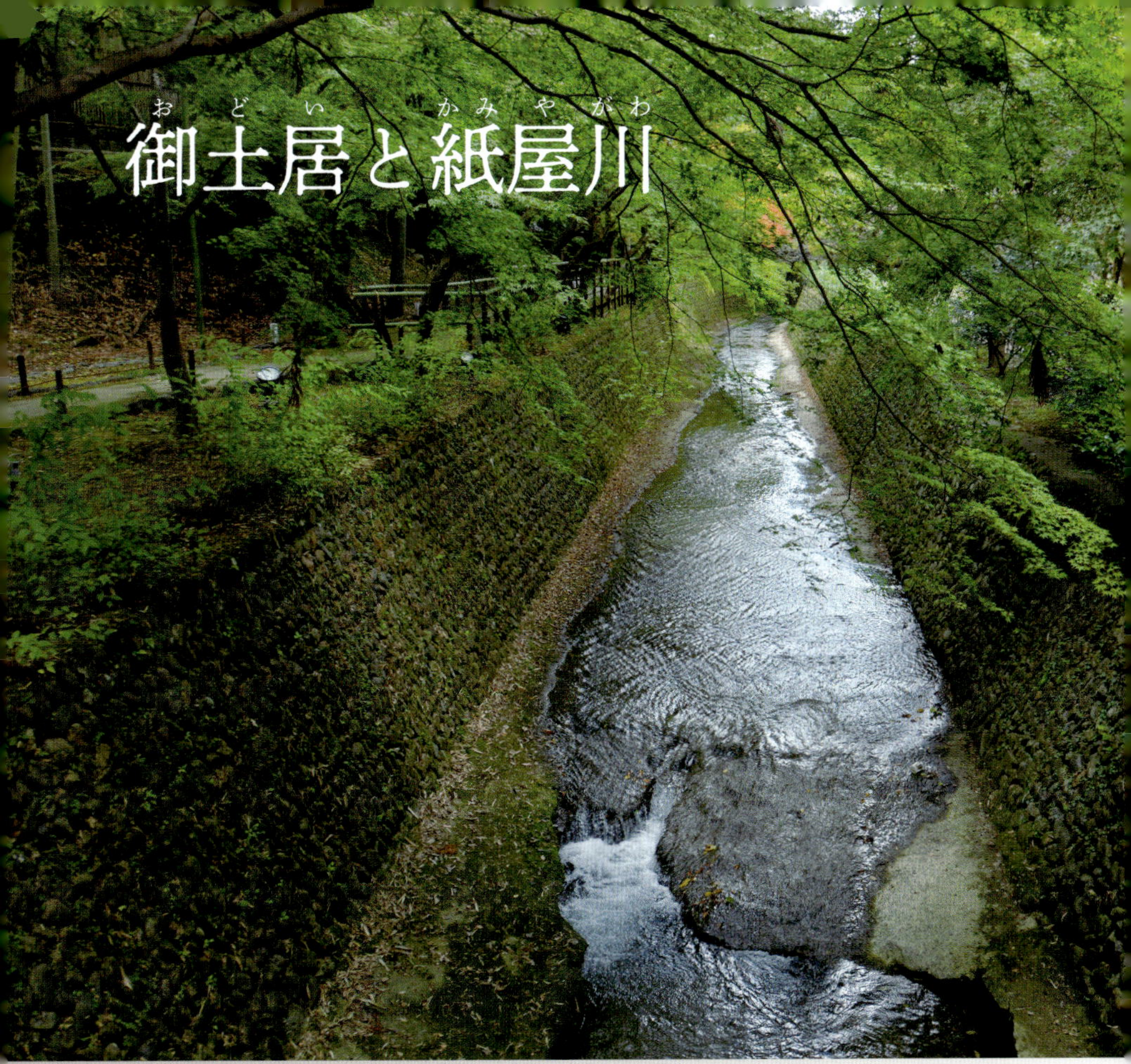

天正《てんしょう》十九年（一五九一）、豊臣秀吉《とよとみひでよし》は京都の周囲を廻る惣土塁《そうどるい》を築いた。全長二〇キロメートル以上に及ぶ。その目的を必ずしも首都防衛だけで説明することはできず、明確な意図は不明である。かつては高さ四メートルの土塁に藪《やぶ》が植えられ、外側は堀になっている独特の景観があったが、現在は鷹峯《たかがみね》や大宮交通公園、堀川通北端、寺町通の廬山寺《ろざんじ》の裏など、わずかしか残っていない。天満宮境内の西沿を流れる紙屋川の東堤もそうして残された御土居の遺構で、その北、平野神社の東までつづいている。現在は、楓《かえで》が植えられ、春の青もみじ、秋の紅葉の見物客で賑わう。

紙屋川は、鷹峯に源流をもち、境内の西を流れ、南下して天神川《てんじんがわ》と名を変える。平安時代には流域に「紙屋院」とよばれる紙漉《かみす》きの官営工房があったためにこの名がついたという。

天神様の梅

菅原道真が大宰府《だざいふ》に流されるとき、自邸にあった梅の花に別れを惜しんで、

東風吹かば匂い起こせよ梅の花
主なしとて春を忘るな

と詠み、梅の木も主人を慕《した》って流地の大宰府に飛んでいったという「飛び梅」伝説が有名である。それにちなんで道真を祀る諸国の天満宮には梅の花が植えられ、春は境内に紅梅・白梅の薫《かお》りを漂わせるが、北野天満宮でもたくさんの梅の木が植えられている。とりわけ、二月二十五日の梅花祭《ばいかさい》が行われるころは、梅林が公開され多くの見物客で賑わう。

神仏習合《しんぶつしゅうごう》の神社

巫女・多治比あや子自身が、「法華経」十部、「金《こん》光明経《こうみょうきょう》」一部、「仁王般若経《にんのうはんにゃきょう》」二部を書写して、三間四面の堂を建立し、観音菩薩《かんのんぼさつ》を安置していることからもわかるように、天神信仰はもともと神仏習合の信仰であった。あや子と協力した朝日寺の住持最珍、弟子の法儀・鎮世、さらにはあや子に近いところにいた満増や増日といった僧侶の奉仕は、天満宮の基本的な信仰形態を生んだ。

室町時代以降、北野社は名目的には曼殊院門跡《まんしゅいんもんぜき》の配下にあったが、実際には祠官《しかん》・目代《もくだい》・宮仕《きゅうじ》といった社家僧の秩序が神社を運営していた。禰宜《ねぎ》とか巫女はその下位に位置する下級神職であった。祠官のなかでもとくに中心になったのが松梅院《しょうばいいん》・徳勝院《とくしょういん》・妙蔵院《みょうぞういん》の三家で、実質的に北野社を支配したのは彼らである。境内を歩いてみると、たくさんの燈籠や牛などの石像品が残っているが、その中には「○○院」と彫られた祠官・目代・宮仕などのなまえが数多く見られ、彼らの勢力の大きかったことがわかる。

第6章

菅原道真の一族をめぐる信仰

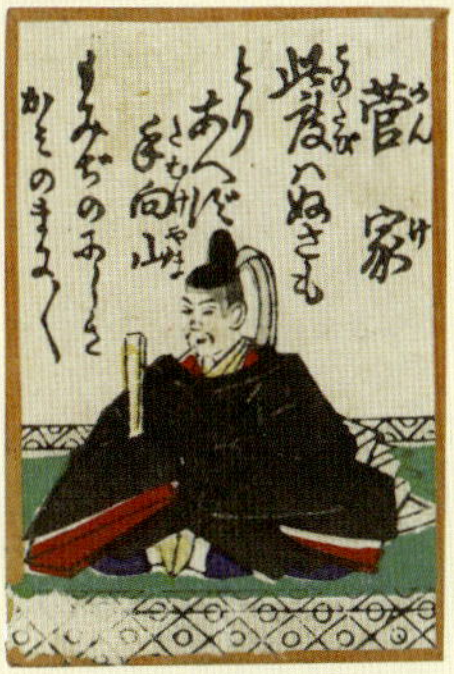

菅原道真が天神として恐れられ、祀られるようになると、その父や母、祖父、さらに妻や子どもたち、さらには仕えた人々も、その縁から信仰の対象になる。それは一族を祀ることによって、道真自身の憤怒《ふんぬ》を鎮《しず》め、彼の猛威を収めることができると考えられたからであろう。この章ではそうして祀られた一族を紹介しよう。

裏《うら》の社《やしろ》

菅原氏の祖神を祀る

一般に神社の社殿や仏寺の本堂の裏側（背面）には、正面に祀られている主神や本尊とは別の神や仏が、主神・本尊を守護するために祀られていることがある。これが「後《うし》ろ戸《ど》」とか「後《うし》ろ堂《どう》」といわれるものである。北野天満宮の場合も、「裏の社」とか「御后三柱《ごこうのみはしら》」といわれる神が祀られる。すなわちその神々とは、天穂日命《あまのほひのみこと》、菅原清公《きよきみ》、菅原是善《これよし》の三神である。天穂日命は菅原家の祖で、十四世の孫、野見宿禰《のみのすくね》が天皇の崩御《ほうぎょ》の際の殉死に替えて埴輪《はにわ》を作って土師《はじ》宿禰の姓を賜い、その後、古人が天応《てんおう》元年（七八一）に菅原氏に改姓したのである。菅原清公は道真の祖父で、遣唐使《けんとうし》の一員として唐に渡り、その後、帰朝して文章博士《もんじょうはかせ》になり、従三位に任じられて公卿《くぎょう》になった。その子の是善も文章博士から従三位になり参議《さんぎ》を勤めた。つまり、この三神は、菅原氏の祖神、

そして祖父と父ということになる。道真の父祖を祀ることで道真の霊を慰撫《いぶ》するのであろう。

伴氏社と忌明の塔

道真の母を祀る

北野天満宮の一の鳥居をくぐって本殿に向かう石畳の参道の途中、左手に小社がある。伴氏社《ともうじしゃ》といい、道真の母（氏は伴、名は不詳）を祀っているという。社前の石鳥居は鎌倉時代のもので、二本の柱が蓮台《れんだい》の上にのっているという珍しいものである。寺院で用いる蓮が鳥居に用いられており、神仏混淆《こんこう》の例として知られる。

伴氏社の鳥居の蓮台

道真の母は、貞観十四年（八七二）正月十四日に亡くなった。

この社の傍らに、江戸時代以前には巨大な五輪塔《ごりんとう》が立っていた（明治のいわゆる神仏分離令により、現在は少し南の東向《ひがしむかい》観音寺《かんのんじ》の境内に移されている）。父母が亡くなったとき、四十九日間は穢《けが》れにより喪《も》に服して、その間は神社に参詣するのを慎み、他人との交わりを憚《はばか》るのであるが、江戸時代の京都では、五十日目の忌《い》みが明けた最初の日、この塔に詣でるという習慣があった。そこでこの塔は「忌明《いみあけ》の塔」とよばれている。すでに室町時代の上杉本「洛中洛外《らくちゅうらくがい》図《ず》屏《びょう》風《ぶ》」にも石塔に人が祈っているところが描かれているから、この習慣はそのころからあったのだろう。

忌明に詣る理由として、黒川道祐《くろかわどうゆう》が著した江戸時代前期の地誌、『雍州府志《ようしゅうふし》』には、この塔は道真の父是善の塔であり、その父を祈るのだとしている。また道真の友三善清行《みよしきよゆき》の塔という説もある。清行が死んだとき、その子で修験《しゅげん》の名人であった浄蔵《じょうぞう》が祈禱したために清行は蘇生《そせい》したからだという。また、中国に赴いた仏工稽文会《けいもんえ》と、中国に残してきたその子稽主勲《けいしゅくん》の故事によるものだとか、北野社の社官が喪に会って除服の日に紙屋川《かみやがわ》の禊《みそ》ぎしたあと、それに用いた道具をこの塔に納めるのだとか、さまざまの説がある。

図版中央の鳥居の右側に描かれているのが「忌明の塔」
上杉本 洛中洛外図 左隻3・4扇　部分　米沢市（上杉博物館）蔵

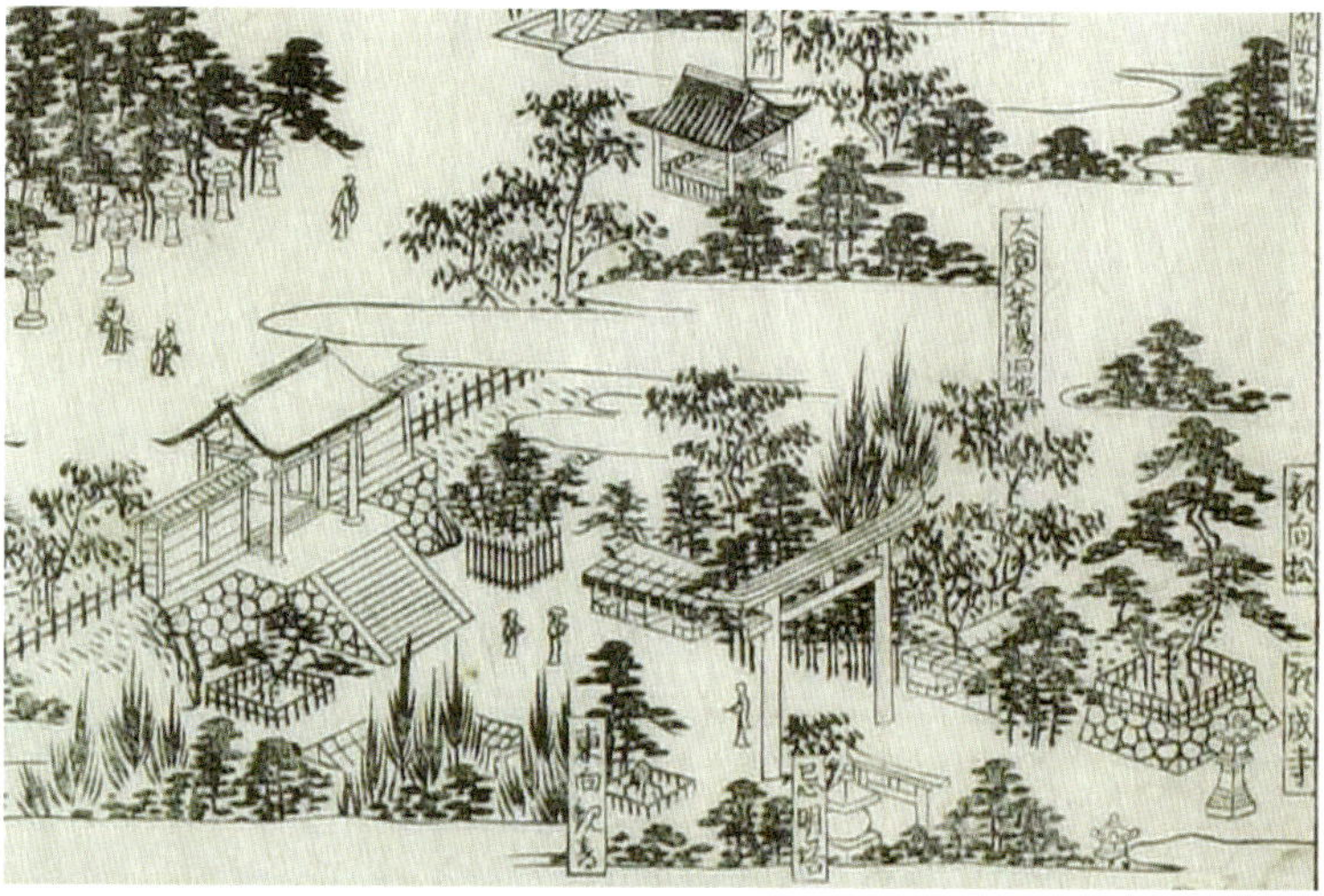

『都名所図会』　部分　北野天満宮

老松社（本殿南側）

老松社（本殿北側）

老松社

道真の従者
島田忠臣を祀る

北野天満宮の本殿回廊《かいろう》の南門である三光門《さんこうもん》前の参道の両側には、四殿の末社があるが、その西北にあるのが老松社《おいまつしゃ》である。近江国《おうみ》比良宮《ひらのみや》の神良種《みわのよしたね》の子太郎丸が受けた道真の託宣《たくせん》によると、老松は福部《ふくべ》とともに道真の従者で、老松に笏《しゃく》を持たせ、福部には仏《ぶっ》舎利《しゃり》を持たせて筑紫《つくし》より連れて来たのだという。老

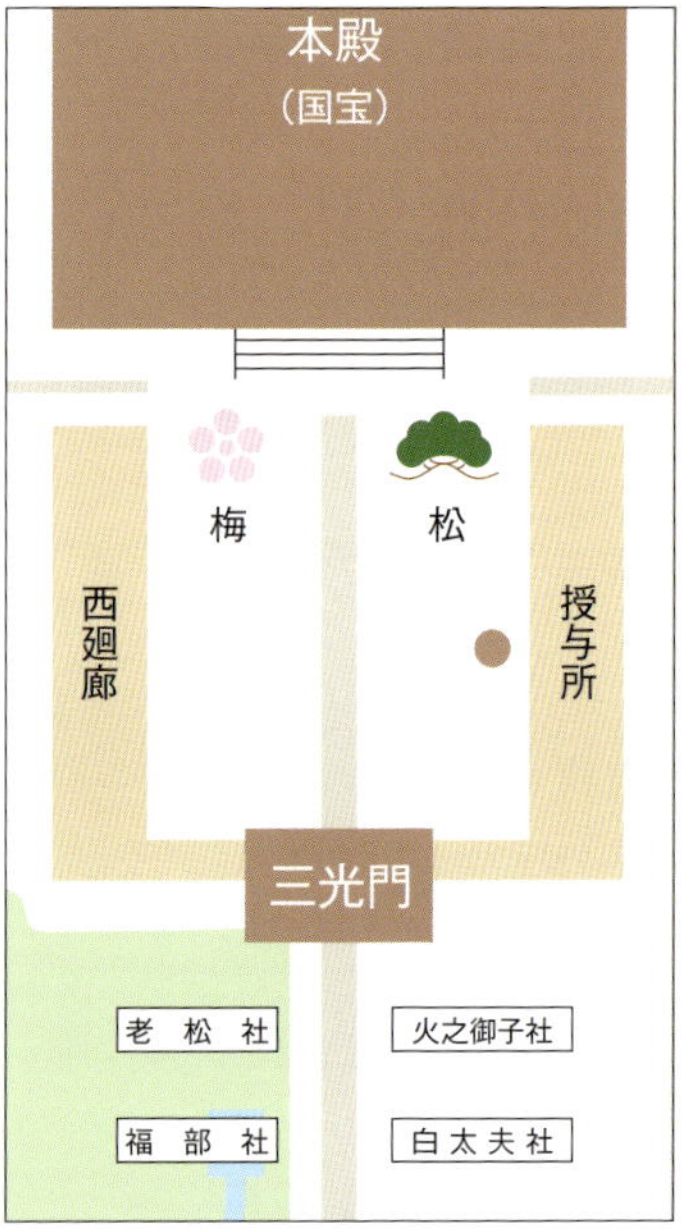

松は、道真の生まれ変わりである松の種を、赴く所々に蒔くのだという。実は島田忠臣《しまだのただおみ》という人物だとされるが、史実としての彼は、菅原是善の門人で、先輩の文章生《もんじょうしょう》として道真の詩作を指導した。その後、その娘宣来子《のぶきこ》は道真の正室となった。彼女は道真より五歳の年下であった。

白大夫社

道真に同道して筑紫に赴いたと伝える度会春彦を祀る

参道をはさんで老松社の向かい下手（西南）に祀られる末社である。実は伊勢外宮《げくう》神主の度会春彦《わたらいはるひこ》を祀る。流罪された道真と筑紫に同道して彼を庇護《ひご》したというが、実際にはその事実はない。道真とは同時代人で、寛平《かんぴょう》九年（八九七）にはじめて伊勢神宮に検非違使《けびいし》が置かれたときに太政官符《だじょうかんぷ》が発布された際の担当の公卿が道真で、そのとき春彦は外宮権禰宜《ごんのねぎ》であった。

福部社

道真の従者 福部を祀る

福部は、比良宮の神良種の子太郎丸の託宣で、老松とともに筑紫より連れて来られた道真の従者で、仏舎利を持っていた。ほんとうの名は十川能福《そごうのうふく》といい、舎人《とねり》として道真の牛車の牛の世話をしたともいうが、この人物についてはよくわからない。「福部」の「福」の字から福の神とされ、金運の信仰ができた。

第7章

西京と菅原道真

北野天満宮の南に広がる門前一帯は「西京《にしのきょう》」とよばれる。室町《むろまち》時代から江戸時代にかけての京都の中心はこれより東にあり、この地がその西方にあたる地域だからそのように呼ばれる（当時の京都は、現在の南北を走る室町通を縦軸に、一条《いちじょう》から今出川《いまでがわ》辺の上京と、四条《しじょう》辺の下京のふたつの町からなっていた。すなわちそのうち上京の西に位置するのが「西京」である）。

室町時代のこの西京の代表的な住民は麴《こうじ》座《ざ》神人《じにん》で、北野社に保護されて京中の酒麴の販売を独占していた。また、同じく神人の大舎人《おおとねり》座《ざ》は帯などの高級絹織物を生産した。現在の西陣織の源流である。西京の繁栄は、こうした富裕な住民を中心にもたらされており、かれらの支持によって北野天満宮は維持されつづけてきたのである。

Vitamin
Water

天神さん（天神市）

道真の命日に催される縁日

京都の人は、毎月二十一日の「弘法《こうぼう》さん」の日と、二十五日の「天神さん」の日を楽しみにしている。前者は東寺御影《みえい》堂《どう》に祀られている弘法大師空海の縁日で、後者が北野天満宮に祀られる菅原道真の縁日である。道真の縁日を二十五日とするのは、道真が死んだのが延喜三年（九〇三）二月二十五日だからである。境内参道にはテントや屋台がたくさん並び、多くの参詣人で賑わう。この日には臨時バスが出るほどである。

年配の人は植木や古本、若い人は古着や骨董品、そして祖父母に連れられたこどもたちは駄菓子や盤上ゲーム、といったようにそれぞれの年齢によって目的は違うが、みんながそれぞれ楽しんでいる。近年は留学生や外国の人も多い。日本らしさを発見できる新しい観光スポットになっている。けれども、歴史に関心のある人へのお勧めは、楼門《ろうもん》を入った東側

宝物館

にある宝物館がこの日に開館してくれることである。展示替えがあるので、お目当てのものが見られるとは限らないが、何種類かある「北野《きたの》天神《てんじん》縁起《えんぎ》絵《え》巻《まき》」、刀剣、甲冑《かっちゅう》・掛軸などの絵画、中世の古文書などを見ることができる。また、境内西側の紙屋川《かみやがわ》沿いの御土居《おどい》も公開される。帰りに東門の内にある茶屋で長五郎餅を食べながらお茶を飲んで一休みできるのもこの日ばかりの余得である。

年の初めと終わりの天神市はとくに賑わい、前者を「初天神《はってんじん》」、後者を「終《しま》い天神」という。

梅花祭

——道真が亡くなった二月二十五日に行われる祭祀

菅原道真が、延喜三年（九〇三）の二月二十五日に筑紫《つくし》で亡くなったために、この二月二十五日を忌日にして行われる祭祀が「梅花祭」である。ちょうど梅の花が咲く季節にあたり、また筑紫に赴く直前に京都の自邸で「東風《こち》吹かば　匂い起こせよ　梅の花　主なしとて春を忘るな」と、梅の花に向かって和歌を詠んだことにちなんで、「梅花祭」の名がある。祭祀では、「甲御供《かぶとごく》（甲御供奉饌）」とよばれる、伏せた甲状に盛られた飯の上に、紅白梅の花木を差し立てた特殊な神饌を供える。

瑞《ずい》饋《き》祭《まつり》と瑞饋神輿

西京地区
産土神の祭礼

本来、北野天満宮の正式な例祭は八月五日に行われる北野祭で、一条《いちじょう》天皇の永延元年（九八七）にはじまったといわれている。西京にある旅所に神輿《みこし》が渡御《とぎょ》して祭祀が行われた。ところが文安元年（一四四四）に、西京神人による社殿閉籠事件が起こり、祭礼は中絶し、十六世紀後半にはついに実質的に行われなくなった。それに代わって本来は西京の私祭である北野瑞饋祭が、北野祭にとって代わって西京地区の産土神《うぶすながみ》の祭礼になった。

瑞饋祭とは、里芋の茎（芋茎《ずいき》）を並べて屋根に葺《ふ》いた瑞饋神輿による名称で、めでたい漢字に置き換えて「瑞饋」の名を用い

る。芋茎ばかりか、神輿の四面の壁には古典や物語の名場面を、野菜や乾物で表現して作り物にする。たとえば五条の橋で牛若丸と弁慶が闘っている場面を、弁慶の顔を南瓜《かぼちゃ》、口を赤唐辛子、両眼を黒豆、髭《ひげ》をとろろ昆布、頭巾を海苔にする、といった具合である。江戸時代前期、西京一帯はすでに京都近郊の典型的な農村地帯の風景であった。そうした村落農民の、秋の収穫の感謝祭として瑞饋祭は成立したのである。このころ西京だけでなく、その西北に位置する大将軍《たいしょうぐん》村や等持院《とうじいん》村でも同じような瑞饋神輿が作られて

いる。

京都中心部の祭礼は夏に行われる御霊《ごりょう》系の祭礼（祇園祭がその代表）が主流であるのに、唯一この瑞饋祭は秋に執行される（十月一日〜四日）。それは瑞饋祭が、西京という農村地区の収穫の感謝祭であったからである。神輿は西ノ京中《なか》保町《ほちょう》の御輿岡《みこしがおか》の地にある御《お》旅所《たびしょ》に安置、飾られるが、現在は本社からも三基の鳳輦《ほうれん》（鳳凰が屋根の頂に乗る神輿）が出御《しゅつぎょ》し、神社の正式な祭礼の形をとっている。

安楽寺天満宮境内の一の保社

西京と北野七保

北野天満宮の祭礼に奉仕する七つの地区

北野の旅所のある場所は、西ノ京御輿岡町《みこしがおかちょう》といい、かつて天皇が嵯峨《さが》に行幸《ぎょうこう》する際、鳳輦《ほうれん》(御輿)を止めて休む場所であったという。西ノ京御輿岡町の東に隣接する町を西ノ京中保町《なかほちょう》という。平安時代には北野天満宮の祭礼に奉仕する組織が七つの地区にわかれており、それを七《しち》保《ほ》といった(「保」は地区のブロック割の単位)。つまり一の保から七の保まであったわけであるが、当町は四の保に当たり、一と七のちょうど真ん中に当たるので

西之京瑞饋神輿保存会集会所

「中保」といったという。

保には「神人」とよばれる地域の有力者がいて祭礼の主導をした。現在も神人の子孫が、祭礼の際に旅所の神前に「甲御供奉饌」とよばれる特殊な神饌を供える。御飯を兜の鉢を伏せたように盛り、その上に季節の菊の花を立てるという不思議なもので、二月の梅花祭のときにも供えられるが、このときは梅花を立てることになっている。

「酒麴座・大舎人座」

酒麴座

北野社の神人の代表として有名なのが、室町時代に北野社門前に住んで活躍した酒《さけ》麴《こうじ》座の商人である。かれらは酒を醸造するための麴の独占販売権をもっていたが、京中の酒屋が勝手に麴室《こうじむろ》を造って、麴座から麴を買わなくなった。そこで北野社をとおして室町幕府に訴え出て、酒屋の麴室を壊させた。応永二十六年（一四一九）のことである。そのとき酒屋は室を壊して今後はこれを造らないことを幕府に請け負った。こうした個々の酒屋の誓約状が五十二通、北野社には残っていて、この時代の京都の町の状況を知る重要な史料になっている。

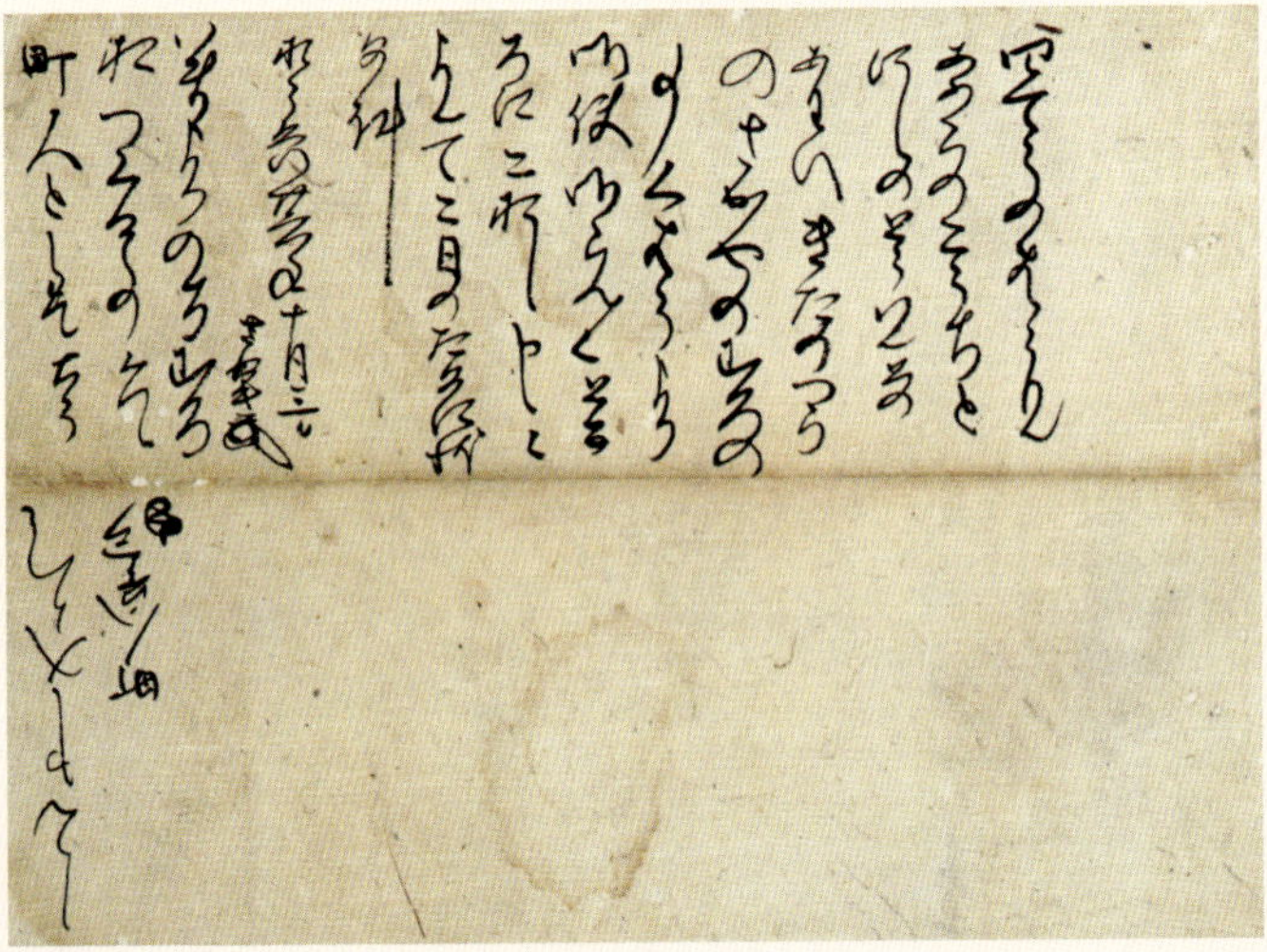

酒屋・土倉等請文（讃岐請文〈折紙〉） 北野天満宮蔵

京都市考古資料館（上京区今出川通大宮東入北側）前に立つ「西陣碑」

西陣織

大舎人座と西陣

酒麴座と同様、門前の西京で活躍したのが大舎人座といわれる絹織物の商人である。彼らは帯などを生産して下京の店に卸《おろ》したり、また直接振り売りすることもあったらしい。そのため室町時代には下京の代表的な祭礼である祇園御霊会《ぎおんごりょうえ》（現在の祇園祭）にも鵲鉾《かささぎぼこ》を出して、それは毎年の京都の人々の一大見物になっていた。

将軍家の相続に端を発して、東軍の細川方と西軍の山名方が二手に分かれて、応永元年（一四六七）から十一年もの長い間にわたって京中を戦乱に陥れた応仁の乱は、西京もまた荒廃させることになった。西京の東側の地区は山名の西陣に属したが、乱後、大舎人座の絹織物職人たちはいちはやくこの地に戻り、織物の生産を再開することになる。これが「西陣織」のはじまりである。現在も織物業を中心とする繊維産業が盛んで、この地域の経済を支えてきた。

上七軒と北野をどり

北野天満宮の東側に位置する花街

北野天満宮東門の東側は「上七《かみしち》軒《けん》」とよばれる花街である。祇園《ぎおん》や先斗町《ぽんとちょう》などが下京の室町の呉服商を檀那《だんな》とするのに対し、西陣の織屋などの檀那衆を顧客とし、風情のあるお茶屋街を形成し、祇園・先斗町とはまた違った独自の風習と古風な芸を伝えている。成立年代は不詳であるが、豊臣秀吉より法会茶屋株を公認された日本最古の花街だという。十七世紀初頭には島原遊郭の支配下の遊女屋として営業が認められていた。毎年四月に行われる「北野をどり」

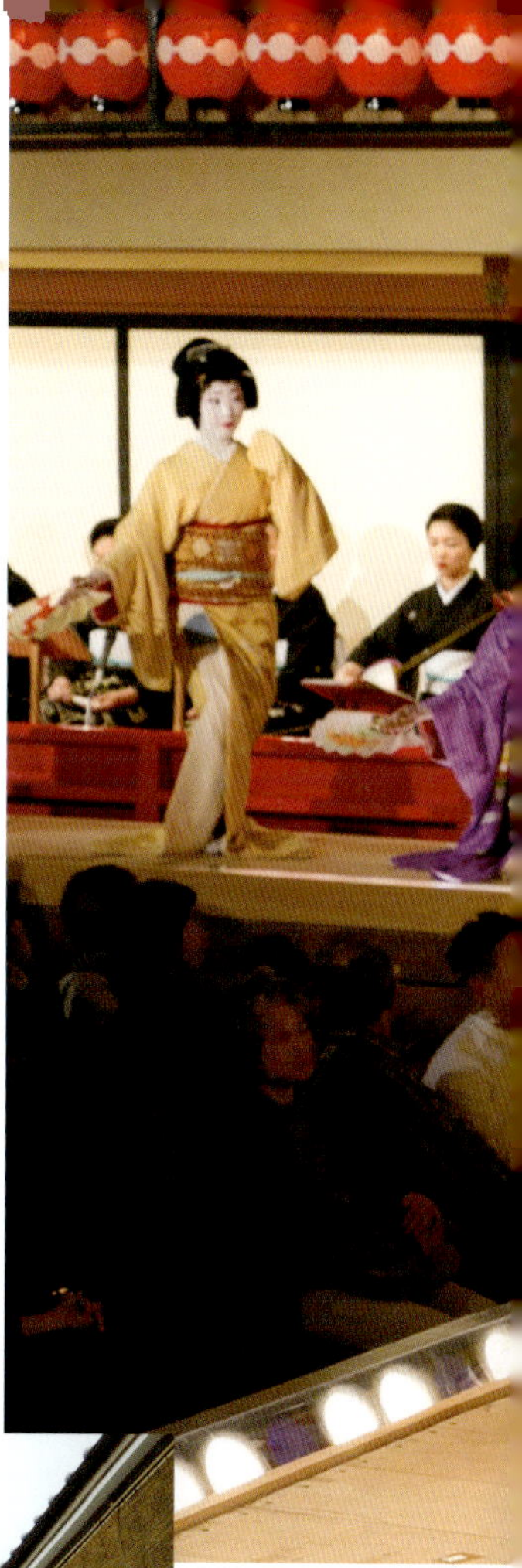

北野をどり

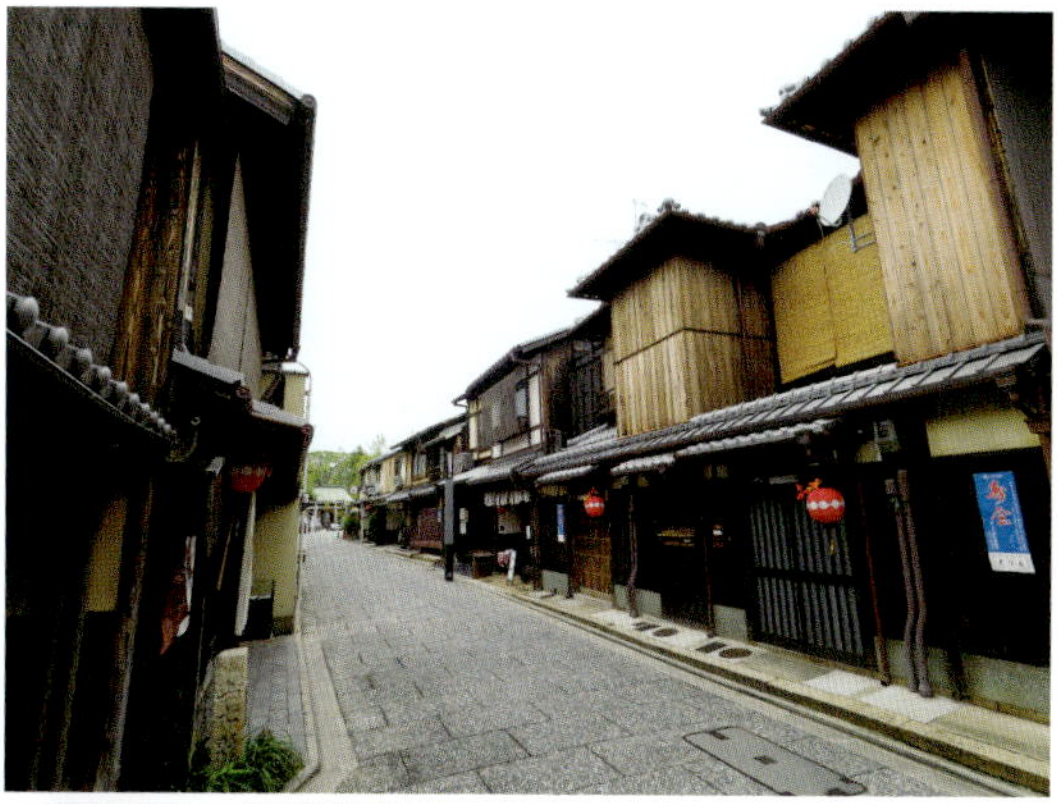

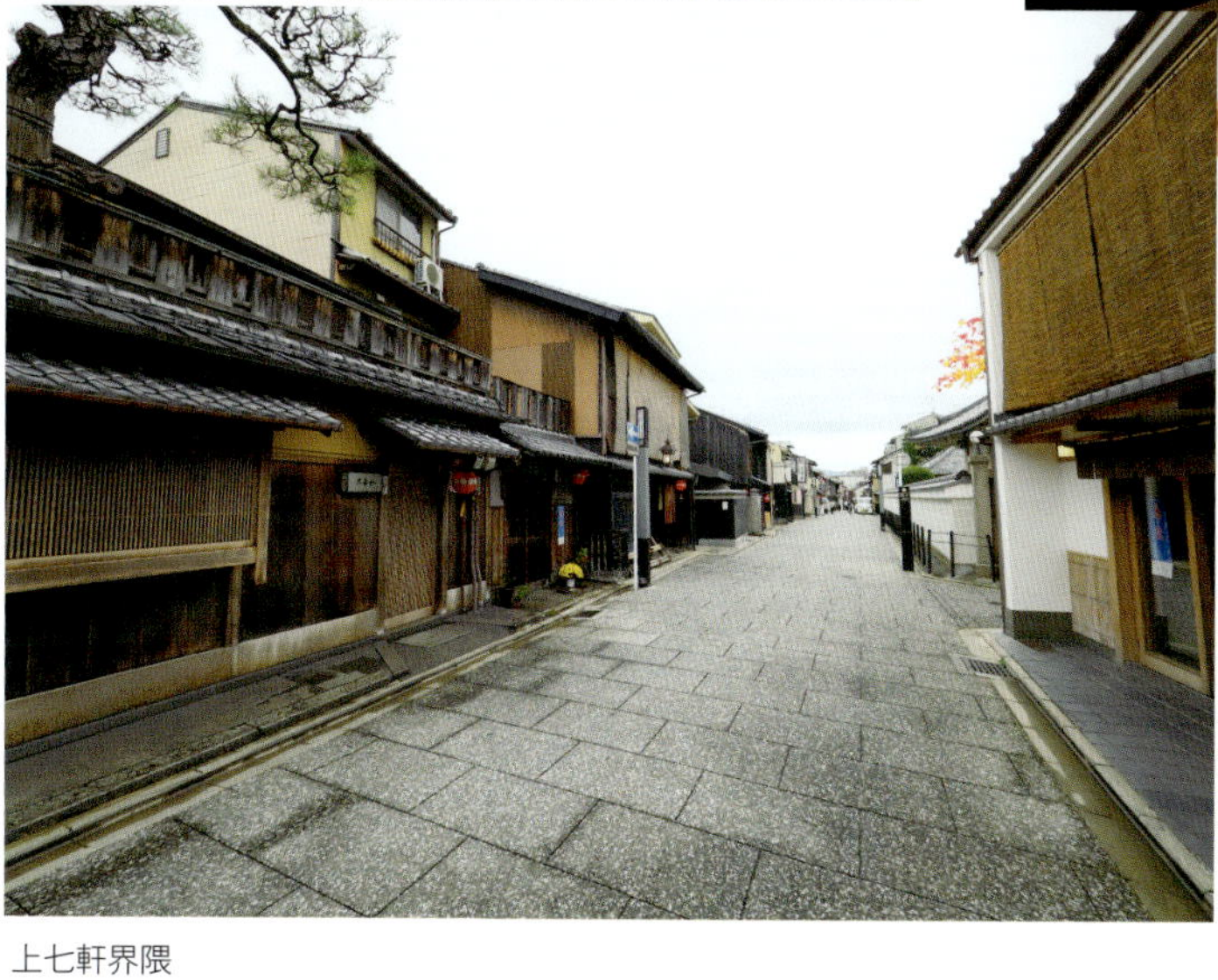

上七軒界隈

は「都をどり」などと同様、春の風物として知られる。

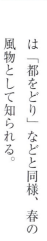

千本釈迦堂と大根焚き

西陣の人々に親しまれた釈迦堂

上七軒を東に抜けると大報恩寺《だいほうおんじ》に至る。京都の人は千本釈迦堂《せんぼんしゃかどう》とよんで親しんでいる。承久二年（一二二一）に求法《ぐほう》上人義空《ぎくう》が小堂に釈迦如来《しゃかにょらい》を安置したのがはじまりである。現在の本堂は尼崎（兵庫県）の材木商が、夢の告げにより寄進したもので、安貞《あんてい》元年（一二二七）に建立された。京都市街部のなかで唯一応仁の乱を越えて現存する建造物である（国宝）。

西陣の街中にあったために、京都のなかでも上京の人々との関わりは深く、民間信仰の盛んなところでもある。鎌倉時代には如輪《にょりん》上人がはじめたという「千本の釈迦念仏」（千本大念仏）が行われ、江戸時代には本

大根焚き

堂を建立した棟梁《とうりょう》の妻「阿亀《おかめ》」の信仰が起こり、現在でも二月の節分には「おかめ福節分会」という行事が行われている。また十二月七日・八日に行われる「大根焚《だいこだ》き」は、第三世慈禅《じぜん》上人がはじめた「成道会《じょうどうえ》」の行事である。釈迦が悪魔の誘惑を退けて悟りを開いた日にちなんで、丸い大根に梵《ぼん》字《じ》を書き、大きな鍋で炊《た》いて、参詣人に振る舞い、「悪魔除け」「諸病除け」とするもので、冬の京都の風物詩になっている。

千本釈迦堂（大報恩寺）
京都市上京区七本松通今出川上ル溝前町
京都市営バス「上七軒」下車、徒歩数分

北野経王堂

足利義満筆の「経王堂」額が伝わる

大報恩寺（千本釈迦堂）にある観音堂は「願成就寺《がんじょうじゅじ》」という別の寺号があり、もともと北野天満宮の南、下《しも》の森《もり》辺にあった。明徳《めいとく》三年（一三九二）、室町幕府の第三代将軍足利《あしかが》義満《よしみつ》が、明徳の乱で戦死した山名氏清《うじきよ》を弔《とむら》って建立したもので、一般には「経王堂」とか「経堂」とかよばれる。正面三十間（約五四・五メートル）、側面二十五間（約四五メートル）の規模で、その威容は上杉本「洛中洛外図《らくちゅうらくがいず》屏風《びょうぶ》」にも描かれている。江戸時代前期には荒廃し、現在の建物は、のちにこの地に再建されたものであるが、大報恩寺には義満筆と伝える「経王堂」額、欄間《らんま》の飾り彫刻、所用された太鼓の雲形縁などが残されている。

「経王堂」額

鳥居左側の建物が「北野経王堂」
上杉本 洛中洛外図屏風 左隻 3・4扇　部分
米沢市（上杉博物館）蔵

下の森一条商店街

西京・西陣地区の台所

北野天満宮の一の鳥居の東南につづく参道周辺を「下の森」という。かつては木が生い茂る森で、昭和ごろまではその名残もあった。天満宮につづく参道沿いということで、見世物や踊りの興行が頻繁に行われた。また参詣人目当ての菓子屋や料理屋が並んだ。参道は南から東へ湾曲して一条通りと重なり、さらに南へ下がって中立売通りとなる。

現在、この参道は下の森商店街、一条商店街として、西京・西陣地区の台所となっている。一条商店街を西へ行くと、方位の神として知られる大将軍《だいしょうぐん》八《はち》神社に至る。八百屋・肉屋・魚屋・豆腐屋といった食料品店、文房具屋や洋品店だけでなく、熱帯魚屋さんや餡《あん》だけを売る店など、個性ある古い商店街として知られる。

第8章

展開する天神信仰

雷神として疫神《えきじん》として、猛威《もうい》を示めしてきた道真の霊は、やがて人々を守護し、進むべき道を指し示す神に変わっていく。その典型的なものは、漢文と和歌の達人、書道の名人というものである。こうして天神は学問の神としてあがめられるようになる。連歌《れんが》の詠まれる席には床の間に天神像の掛軸が掛けられた。また、道真が生きて中国に入り、彼の地で禅僧の無準師範《ぶじゅんしはん》に参禅にしたという伝説が生まれ、その画像が描かれた。その姿からは詩歌と禅宗の和漢が混交《こんこう》したさまを見てとることができる。江戸時代の人形浄瑠璃《じょうるり》・歌《か》舞伎《ぶき》に描かれた道真像はそうした姿を濃厚に反映している。

また、道真とともに、縁起では彼の生涯の周辺に常に描かれてきた牛の像が、天満宮の境内に祀られ、独自の信仰を得るようになった。

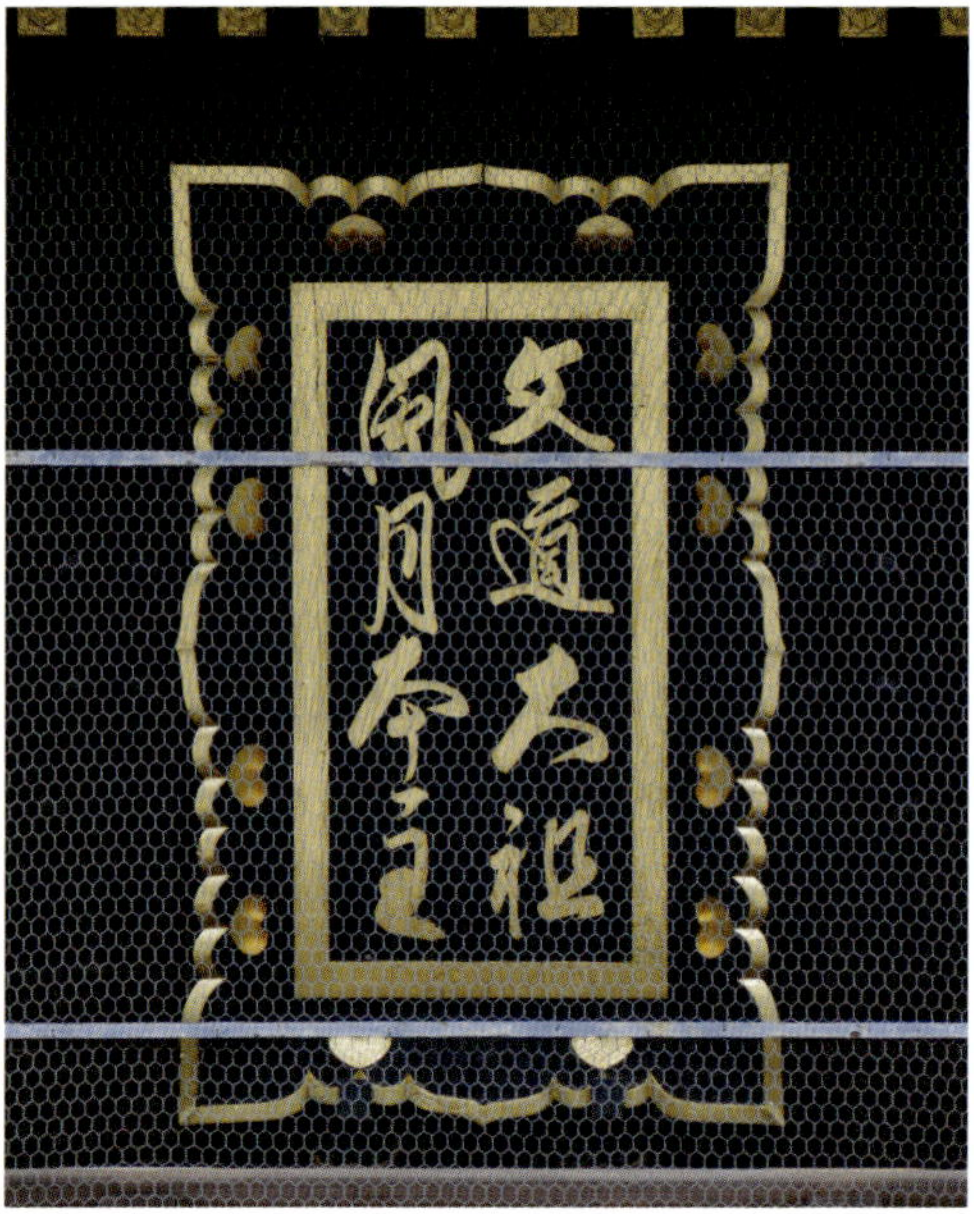

楼門に掲げられた「文道大祖　風月本主」の額

文道の大家として信仰される

北野天満宮の楼門《ろうもん》に掛けられた扁額《へんがく》には「文道大祖《ぶんどうのたいそ》風月本主《ふうげつのほんしゅ》」とある。作文の大家で、自然の情緒を表現する達人、つまりは漢詩文を巧《たく》みにし、和歌の情にも通じた和魂漢才の人、といったところである。彼の漢詩文は『菅家文章《かんけぶんそう》』『菅家後集《かんけこうしゅう》』という詩文集に収められているし、和歌も勅撰集《ちょくせんしゅう》にとられている。百人一首の「このたびは幣《ぬさ》もとりあえず手向山《たむけやま》　紅葉の錦《にしき》神のまにまに」は人口に膾炙《かいしゃ》されている。

こうした文章・詩歌の達人としての道真は、学問の神様としての信仰を得ることになる。たとえば江戸時代の国学者で、目が不自由ながら、諸所に散在する図書一千巻の蒐集《しゅうしゅう》と出版を企て『群書類従《ぐんしょるいじゅう》』百七十冊を編纂《へんさん》した

北野天満宮では毎年１月２日から４日にかけて「天満書（てんまがき）」と呼ばれる書初めが行われる

塙《はなわ》保《ほ》己《き》一《いち》（一七四六〜一八二一）は、その実現を誓って天満宮に「般若心経《はんにゃしんきょう》」百万巻の読誦《どくじゅ》を発願している。

現在も高校や大学などの入学試験受験の合格を祈願する多くの若い人たちが参詣し、境内の牛社に祈願文を書いた絵馬を奉納する姿が見られる。また正月には書き初めが行われ、書道を志す多くの人が筆を走らせる。

牛社

いろいろな牛

天満宮ある牛像にもいろいろな個性があって、親しまれている。ここではそのいくつか紹介しよう。

赤目の牛

斑石の牛

天神と牛

天満宮といえば、必ずといっていいほど牛の像が置かれている。道真と牛は切っても切れない関係をもっているとされる。そのひとつの理由は、彼が生まれた承和《じょうわ》十二年（八四五）が丑歳であるというものである。ただ当初から丑歳であることが意識されていたわけではなかった。次に日本では古くから雨を祈るのに牛を殺して天神に献げ祀った風習があって、その意識が天満宮に残っているのだ、という説である。また、古来、牛そのものが信仰の対象として祀られることがあったという説もある。たとえば五大明王《ごだいみょうおう》のひとつ大威徳明王《だいいとくみょうおう》は牛に乗っ

牝牛（牝牛のそばには仔牛がいる）

た姿で表されるが、五大明王からは独立して単独で祀られることが多い。道真は「天《てん》満大自在天《まんだいじざいてん》」とか「太政威徳天《だいじょういとくてん》」としばしばよばれるが、その称号は大威徳明王と関係があり、そこから牛が祀られるとする説がある。「縁起絵巻」によると道真が亡くなってその遺骸《いがい》を墓所と定めた四堂へ牛車で運ぶ途中、牛が突然屈《かが》み込んで動かなくなったので、そのままその場所を墓所にしたという。また天満宮の末社福部社《ふくべしゃ》は、牛車の牛を飼う牛童《うしわらわ》であるともいい、牛童たちの信仰を得たらしい。

正確な理由は定めがたいのであるが、いずれにしろ天満宮の境内には牛が欠かせないものとしてあり、参詣人が牛を撫でて知恵を授かったり、病の平癒を祈ったりする。

『菅原伝授手習鑑《すがわらでんじゅてならいかがみ》』――浄瑠璃・歌舞伎の三大名作のひとつ

浄瑠璃作家として有名な近松門左衛門《ちかまつもんざえもん》は、正徳《しょうとく》三年（一七六九）に「天神記《てんじんき》」という作品を書いている。道真に仕える白太夫《しらだゆう》とその子荒藤太《あらとうた》・十六夜《いざよい》・小梅《こうめ》という兄妹を登場させているが、この構想はその後の『菅原伝授手習鑑』に大きな影響を与えた。『菅原伝授手習鑑』は、竹田出雲《たけだいずも》・並木千柳《なみきせんりゅう》・三好松洛《みよししょうらく》・竹田小出雲《たけだこいずも》の合作で、人形浄瑠璃は延享《えんきょう》三年（一七四六）八月から翌年にわたって八ヶ月間、大坂竹本座《たけもとざ》で初演され、歌舞伎も同じ年の京都喜世三郎座《きよさぶろうざ》、翌年には江戸中村座《なかむらざ》で演じられるという大人気を博した。現在に至るまでの人気演目で、『義経千本桜《よしつねせんぼんざくら》』『仮名手本忠臣蔵《かなでほんちゅうしんぐら》』とともに浄瑠璃・歌舞伎の三大名作のひとつに数えられる。

内容は、藤原時平《ときひら》の讒言《ざんげん》による道真の流罪《るざい》を軸に、かれの養女苅屋姫《かりやひめ》と斎世親王《ときよしんのう》との恋、苅屋姫の実母覚寿《かくじゅ》と姉の立田《たつた》、その夫宿弥太郎《すくねたろう》との複雑な人間関係、道真の旧門弟で彼から筆法を伝授された武部源蔵《たけべげんぞう》の道真への忠義、そしてさらに道真の従者白太夫とその三つ子の兄弟

芹生

「寺子屋」の舞台となった芹生は、現在の京都市右京区京北町に所在する芹生の地であると伝えられてきた。京都の市街からは貴船《きぶね》を通り山を越えた山中で、旧国でいうと丹波《たんば》国に属する。谷川がせせらぐ音だけが聞こえる静かな山村である。現在は、こんなと

桜丸《さくらまる》・梅王丸《うめおうまる》・松王丸《まつおうまる》の親愛と敵対、忠義、といったさまざまな関係を組み込みながら物語が展開していき、道真の子秀才《しゅうさい》を守り抜く、というものである。
見所の多い段構成で、個々の段だけで演じられることも多いが、なかでも人気の高いのが「寺子屋《てらこや》」である。

寺子屋橋

武部源蔵夫婦は道真の子秀才をわが子として匿《かくま》い、京都の北山山中芹生《せりよう》の里で寺子屋を開いている。ところがこのことが時平に見つかり、源蔵は秀才の首を切るように命じられる。思案にくれて家に帰った源蔵は、妻の戸浪《となみ》と示し合わせてこの日入門した子どもを殺害し首をとる。秀才の顔を見知っているはずの松王丸は、案に反し首を検分して秀才にまちがいないという。そのあとまもなく殺した子の母親が迎えに来る。そしてその子は実は松王丸と自分の子小太郎で、道真の子秀才を守るために、身代わりとなって殺されることを覚悟して入門させたことを明かす。そして松王丸も再び現れて、ふたりの夫婦は秀才の身代わりとなった小太郎の死を悼《いた》む。

ころに寺子屋があって、こどもたちがほんとうに集まったのだろうか、と心配になるぐらいの人気のない山里である。武部源蔵の屋敷跡といわれる場所が残っており、源蔵の遺品と伝えるものがある。

連歌会所

天神を喜ばせるための「法楽連歌」が興行された会所

室町時代には、夢中で道真が詠んだ句を発句《ほっく》にして連歌を付けていく会が催された。これが「夢想《むそう》連歌」である。北野社の境内には連歌会所《れんがかいしょ》という連歌会を行うための施設が、内と外の二ヶ所造られ、天神を喜ばせるための「法楽《ほうらく》連歌」がたびたび興行されている。毎月二十五日の月次《つきなみ》連歌では、参詣の者が誰でも句を付けることができたので、笠で顔を隠し、声を替えて、連歌に加わる人が多かったという。これが「笠着《かさぎ》連歌」の由来である。

現在、北野天満宮には大永《だいえい》六年正月二日に、日向《ひゅうが》国の大蔵隈江《おおくらくまえ》が寄進した連歌文台が残されているが、大蔵は連歌師宗祇《そうぎ》の門人で、かつ和歌を飛鳥井《あすかい》二楽軒《にらくけん》に学んでおり、この文台が連歌会所の什物《じゅうもつ》であったことがしれる。

橘松竹鶴亀蒔絵文台・硯箱（北野天満宮蔵）

渡唐天神

——道真が無準師範に参禅したという伝説に由来

室町時代、五山僧《ござんそう》のなかでは、菅原道真が中国に渡り径山《きんさん》の仏鑑禅師《ぶつかんぜんじ》無準師範《ぶじゅんしはん》に参禅して手づから法衣《ほうえ》を授けられたという説が流行した。頭には中国風の幅巾を戴き、道服《どうぶく》を着して両手を胸前の袖のなかで組み合わせた拱手《きょうしゅ》の礼をとって正面を向いて立つ、道真の像が描かれた。これが「渡唐天神《ととうてんじん》像」である。アイテムとして梅の枝をもち衣嚢《いのう》を腰に付けることによって日本の文芸・学問と中国の禅宗が混交《こんこう》した姿を表現している。花山院長親《かざんいんながちか》の『両聖記《りょうせいき》』によると、伏見蔵光庵《ぞうこうあん》の僧が夢想と合致する天神の参禅像を得て、これを同庵の地主神《じぬしがみ》として迎え祀ったことから、人々に信仰が広まったという。

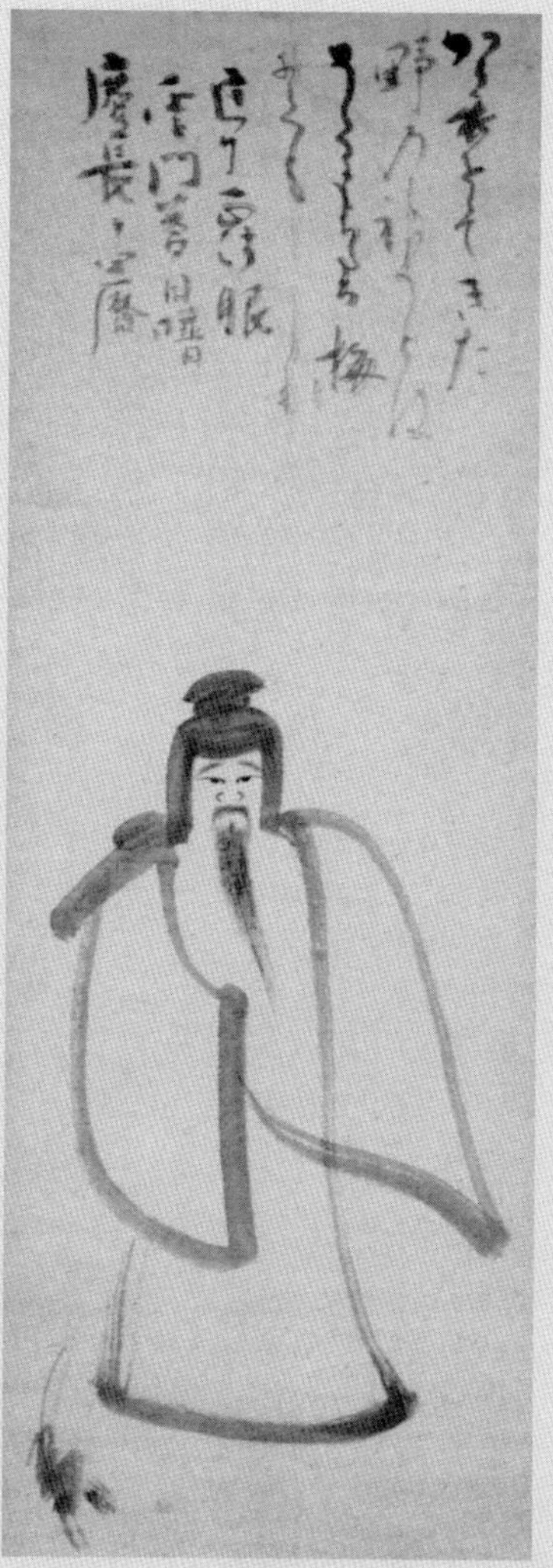

渡唐天神像

祇園祭の山

下京市民に浸透する天神信仰の好例

油天神山
「牛天神山」とも呼ばれる。正面に朱の鳥居を立て、金箔置の社殿には、風早家に伝来し、後に町内の祠に祀られていた天神像を安置している

霰天神山
「錦天神山」「火除天神山」とも呼ばれる。山の上には欄縁に沿って朱塗りの極彩色の廻廊を廻らせ、中央に唐破風春日造の神殿を安置している

毎年七月に行われる祇園祭《ぎおんまつり》は、京都を代表する夏の祭で、各町で造られる鉾《ほこ》と山《やま》は、それに飾る織物や金具の装具の豪華さを競ったことで知られる。各山鉾では、日本の神話や古典、中国の故事、神社の縁起などの物語を人形にしてその上に飾る。たとえば「孟宗山《もうそうやま》」は中国の二十四孝《にじゅうしこう》の一人孟宗が冬の雪が降る日に筍《たけのこ》を得る話、「橋弁慶山《はしべんけいやま》」は牛若《うしわか》と弁慶《べんけい》が五条の橋で刃《やいば》を交わす話である。そのなかで「油天神山《あぶらてんじんやま》」「霰天神山《あられてんじんやま》」というふたつの天神社を祀った山がある。ともに十七日の前《さき》の祭《まつり》に巡行《じゅんこう》する山で、前者の「油天神山」は油小路綾小路下《あぶらのこうじあやのこうじさが》るの風早町《かざはやちょう》から出、町内に祀る天神像を山の上の社殿に安置して巡行する。天神像は寛永《かんえい》七年（一六二〇）の製作という。後者の「霰天神山」は錦小路室町西入《にしきこうじむろまちにしい》るの山で、大火のとき突然霰が降ってきて鎮火《ちんか》したが、そのとき一緒に落ちてきた一寸二分の天神像を祀るという。前懸《かけ》の織物は十六世紀にベルギーで織れたもので、ギリシア神話のイリアースを描いている。

京都の下京市民に天神信仰が浸透していた好例だといえよう。

第9章

天地の神としての天神

「天神」と書きながら「てんしん」と濁《にご》らず清音《せいおん》でよばれる「天神」が京都には二社ある。五条天神《ごじょうてんしん》と北白川天神《きたしらかわてんしん》である。地域で祀られつづけてきた、文字どおり「天の神」の意で、現在は両社ともに祭神は少彦名命《すくなひこなのみこと》ということになっている。また、金閣寺《きんかくじ》の南に鎮座する敷地《しきち》神社は、古くからこの地大北山《おおきたやま》村に祀られてきた「北山の神」で、現在では安産《あんざん》の神としても知られ、授与される御守りにちなんで「わら天神」の通称のほうが有名である。ほかにも祇園社《ぎおんしゃ》（現在の八坂《やさか》神社）は、創建当初は「祇園天神堂《ぎおんてんしんどう》」とよばれる天の神を祀っていたというから、道真が天神として祀られる以前から、本来の字義どおりに「天神」という名で祀られつづけてきた神が京都にはたくさんある。

五條天神社

牛若丸と弁慶の出会いの場

菅原道真の生誕地伝説がある菅大臣《かんだいじん》神社の南、至近距離にある西洞院松原《にしのとういんまつばら》の西南角にある。『義経《ぎけい》記《き》』の牛若丸《うしわかまる》と弁慶《べんけい》の出会いの場所として有名である。弁慶は千本の太刀《たち》を奪うことを誓願《せいがん》し、九九九本にまで達したが、最後の一本を五条の天神に参って「今夜の御利生《ごりしょう》によからん太刀与えて賜《たま》び給《たま》へ」と祈る。そして五条天神の参詣人《さんけいにん》がやって来るのを待ち受けた。そこで出会ったのが牛若で、そのあと弁慶がさんざんにやられるという話である。松原通はかつての五条大路に該当するために五条天神の名がある。

記録の上では『百錬抄《ひゃくれんしょう》』正治《しょうじ》二年（一二〇〇）四月二十五日条に「五条天神に二階を授け奉る」とあるのが最初である。『徒然草《つれづれぐさ》』によると、天皇の病

や疫病《えきびょう》流行の際には、当社に看督長《かどのおさ》の靫《ゆき》を掛けて、疫病が収まることを祈った。また、中世以降は祇園社の末社で、とくに江戸時代には、節分《せつぶん》の除災のための白朮《おけら》餅が有名である。朮《おけら》は薬草で、この餅を買うことで、疫病を逃れようとした。この風習は現在の八坂神社の大晦日《おおみそか》に行われる白朮参りに引き継がれている。

五條天神社
京都市下京区松原通西洞院西入天神前351
京都市営バス「西洞院松原」下車すぐ

天使突抜通

五條天神社の横の細道

明治の新聞を読むと、しばしば催し物の場所として「天使社務所」という表記が見られる。この「天使《てんし》」こそ「五条天神」の「てんしん」の転訛《てんか》である。現在、この五條天神社の西側、西洞院通と油小路《あぶらのこうじ》通の間を仏光寺《ぶっこうじ》通から南へ魚《うお》ノ棚《たな》通まで貫通する細い道があって、これを天使《てんし》突抜通《つきぬけ》という。京都では一町の区画を貫くように造られた新規の路地を「突抜」とよぶが、五條天神社の西側を通っているので、この名が付けられた。最初に開かれたのは豊臣秀吉《とよとみひでよし》のときらしい。京都の変わった地名の代表例としてよく紹介される。

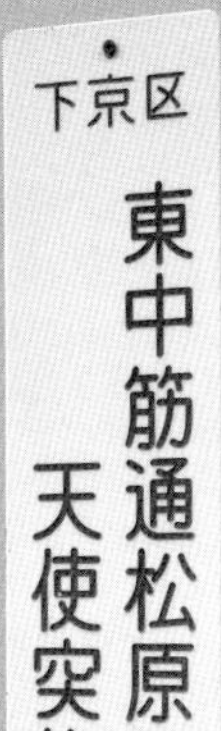

「東中筋通」とも称される天使突抜通

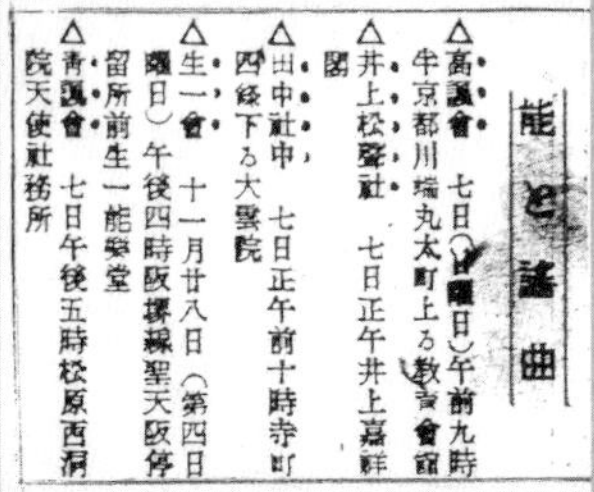
能と謠曲

△高義會・・・ 七日（日曜日）午前九時牛京都川端丸太町上る教育會館

△井上松聲社・・・ 七日正午井上嘉祥閣

△出中社中・・ 七日正午前十時寺町四條下る大雲院

△生一會・・ 十一月廿八日（第四日曜日）午後四時阪堺線聖天阪停留所前生一能樂堂

△青議會 七日午後五時松原西洞院天使社務所

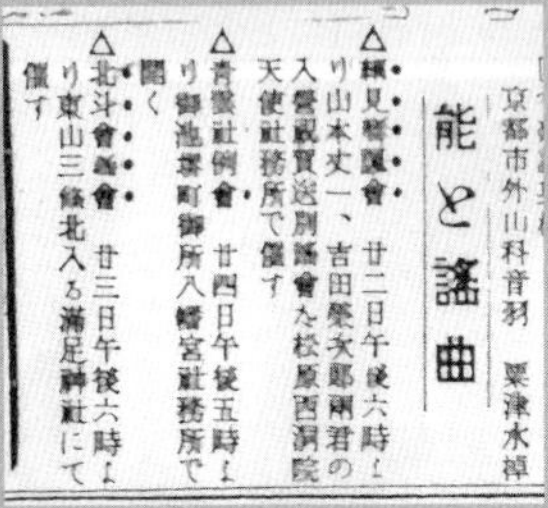
京都市外山科音羽　粟津水棹

能と謠曲

△觀見聲謠會・・・・ 廿二日午後六時より山本丈一、吉田榮次郎兩君の入營祝賀送別謠會を松原西洞院天使社務所で催す

△青聲社例會・ 廿四日午後五時より御池堺町御所八幡宮社務所で開く

△北斗會謠會・・・・ 廿三日午後六時より東山三條北入る滿足神社にて催す

新聞に見える「天使社務所」の報知新聞（京都日日新聞）

白川女

北白川天神宮

北白川の産土神

白川沿いに比叡山《ひえいざん》の南を滋賀県に越える道、山《やま》中越《なかごえ》（今道越《いまみちごえ》）の途中にあるのが北白川村である。京都の人にとってはここで採取される白川砂《しらかわすな》や花売りの白川女《しらかわめ》で知られる。白川砂は庭園や道路に敷かれる白くて粗《あら》い砂である。白川女は絣《かすり》の着物に脚絆草鞋《きゃはんぞうり》を履《は》き、頭を白い手拭《てぬぐ》いで包んで、上に草花を載せて街中に「花いらんかぁ」という独特の売り声を響かせて花を売りに来た女性である。いずれも現在ではかなり形骸化《けいがいか》している。この北白川村の産土神《うぶすながみ》が北白川天神宮で現在の祭神は少彦名命である。もともとは農耕を守る天地の神として村人に信仰されたのであろう。延喜《えんぎ》八年（九〇八）の銘のある黒鉾《くろぼこ》があり、御霊会《ごりょうえ》を通じて古くから宮中と関係をもった。

北白川天神宮の祭礼の高盛御供　撮影：今田知花

北白川天神宮
京都市左京区北白川仕伏町42
京都市営バス「北白川別当町」から徒歩8分

現在、九月に行われる祭礼に出される鉾には、一の鉾、二の鉾、三の鉾の三つがあり、住民は氏子として生まれたときからそれを奉持する三つの組のいずれかに入り、祭礼に奉仕するという、独自の住民組織をもっている。

敷地神社

安産祈願の社として信仰される北山の地主神

金閣寺道の南、西大路《にしおおじ》通に面して敷地神社はある（北区衣笠天神森）。金閣寺を含むこの地域一帯は北山村、または大北山村とよばれたが、その住民が氏子としてあがめる神社という意味で「敷地神社」といわれたのであろう。平安時代前期に「北山神」として名がみえるのがこの神社のことで、平安京の西北、紙屋川《かみやがわ》の水源地として、山川の安全が祈られている。現在の祭神は木花咲耶姫命《このはなのさくやひめのみこと》になっているが、元来は天地の安寧《あんねい》を司る地域の天神であろう。

「わら天神」と称される敷地神社の社殿

京中の人々は、懐妊《かいにん》して五ヶ月目の戌《いぬ》の日に、当社に参詣して安産を祈願し、授かった帯（岩田帯）を締めることになるのであるが、そのとき同時に護符《ごふ》を賜う。その護符には藁《わら》の軸《じく》が入っており、軸に節がある場合は男の子、ない場合は女の子、という言い伝えが残っている。現在でこそ科学的な男女の判定が比較的容易になったが、ついさきごろまでは男女の区別は天の神のみ知るところであった。そんな不安で遊び心をくすぐるような護符の占いは、京都の人々のお産への願いが籠められたものである。

敷地神社（わら天神）
京都市北区衣笠天神森町10
京都市営バス「わら天神」下車すぐ

安産祈願で賜る敷地神社の護符

洛陽天満宮二十五社順拝

京都に所在する天満宮の中から、特に菅原道真にゆかりの深い二十五社を順拝する風習。時代によって含まれる神社が異なる。

第1番　菅大臣天満宮（御霊地三社）
第2番　北菅大臣天満宮
第3番　筑紫天満宮
第4番　一夜天満宮
第5番　神泉苑天満宮
第6番　火除天満宮
第7番　菅原院天満宮
第8番　安楽寺天満宮
第9番　北野天満宮（御霊地三社）
第10番　水火天満宮（御霊地三社）
第11番　上御霊天満宮
第12番　梶井天満宮
第13番　菅家天満宮
第14番　雪天満宮
第15番　梅宿菴天満宮
第16番　天拝天満宮
第17番　梅丸天満宮
第18番　綱敷天満宮
第19番　若宮天満宮
第20番　紅梅天満宮
第21番　文子天満宮
第22番　西念寺天満宮
第23番　法然寺天満宮
第24番　大雲院天満宮
第25番　錦天満宮

洛陽天満宮十二社霊場

洛陽天満宮二十五社順拝の縮小版。

第1番　菅大臣神社
第2番　筑紫天満宮
第3番　紅梅天満宮
第4番　大雲院天満宮
第5番　錦天満宮
第6番　松風天満宮
第7番　下御霊天満宮社
第8番　菅原院天満宮
第9番　梶井天満宮
第10番　水火天満宮
第11番　安楽寺天満宮
第12番　北野天満宮

おわりに

私事で恐縮であるが、わたしは実は天神さんとは縁が深い。北野天満宮の氏子地域で生まれ、まもなく引っ越しして幼少期から成人まで育った家は、菅原道真生誕の地と伝える菅大臣神社の隣であった。そしてその間、通った中学・高校は北野天満宮のすぐ近くにあったし、北野天満宮のすぐ南で育った妻と結婚してからの新居は、長岡天満宮の近くにあった。冷静になって考えてみれば、京都市内とその周辺には、何らかの形で菅原道真を祀る神社や縁の場所がたくさんあるので、わたしが人生のなかで天神さんにたくさん出会ったように思うのも、たんにそんな気がするだけで、確率的にはそんなにたいしたことではないのかもしれない。

けれども、その後いくつかの道真と北野天満宮に関する論文を書くことになり、現に今回もこうして彼の史跡を巡る本を書くことになったのだから、やっぱり縁がある、と思ったとしても、それはきわめて当然というものであろう。

よく知られた道真の和歌のなかに、「心だに誠の道にかないなば　祈らずとても神や守らん」というものがある。常に誠意の心をもって行動するならば、祈らなくとも自然と神は自分を守ってくれるであろう、という道歌である。ほんとうは道真の実詠かどうかはあやしいらしいのであるが、古くから人々の守るべき行動規範として人口に膾炙《かいしゃ》されてきた和歌である。すでに世阿弥《ぜあみ》の能「班女《はんじょ》」の本文のなかにこの和歌が引用されているので、室町時代にはそのような意味合いで使われていたことがわかる。

　以前、京都の街中を歩いていたら、店のシャッターにこの和歌が大きく認めてあるのを見つけた。この店の主人の心の指針なのだろうかとゆかしく思うと同時に、道真に対する信仰がこんな日常的なところまで浸透しているのかと感心したものである。たんに神社とか史跡といった目に見えるものだけでなく、精神的にも

「天神さま」は意外と人々の深いところまで浸透しているのではないか、そんな思いを新たにしたのである。

本書を書くに当たって、今までわたしの撮った関係の写真を並べてみたところ、同じような鳥居と社殿ばかりで、ほとんど区別がつかないような状態であった。それを祭礼や習俗、絵画とか古文書などの写真をうまく組み合わせて、こんなにきれいな本に仕上がったのは、淡交社の坪倉宏行さんをはじめとする多くの人の努力があってのことである。この場を借りてお礼申し上げたい。

参考文献
坂本太郎『菅原道真』（人物叢書）　吉川弘文館　昭和37年（平成2年新装版）
川口久雄校訂『菅家文草　菅家後集』解説　岩波書店　昭和41年
竹内秀雄『天満宮』　吉川弘文館　昭和43年
『北野天神縁起（承久本）完全復刻本』解説　東京新聞　平成13年
竹居明男編『北野天神縁起を読む』（歴史と古典）　吉川弘文館　平成20年
瀬田勝哉編『変貌する北野天満宮―中世後期の神仏の世界―』　平凡社　平成27年

五島邦治（ごしま・くにはる）
１９５２年、京都に生まれる。１９７７年、京都大学文学部哲学科卒業、１９８６年、大谷大学文学研究科博士後期課程満期退学（単位取得）。京都市歴史資料館嘱託、彦根城博物館史料室長補佐を経て、園田学園女子大学短期大学部講師、同大学教授を経て、現在、京都造形芸術大学教授。同志社女子大学嘱託講師・佛教大学非常勤講師・宗教文化研究所評議員・京都市生涯学習振興財団評議員等も勤める。専門は日本文化史。とくに京都という地域における古代から近代を通した町共同体と文化の歴史を研究する。歴史と文化に関心をもち、自己と社会との関係を考え直す「往還塾」を主催する。

ブックデザイン　KOTO DESIGN Inc.
写真　竹前朗
星野佑佳（91下・103）
淡交社編集局

京都を愉しむ
菅原道真の史跡をめぐる

二〇一九年一月十一日　初版発行

著　者　五島邦治
発行者　納屋嘉人
発行所　株式会社　淡交社
本社　〒六〇三-八五八八
京都市北区堀川通鞍馬口上ル
営業　（〇七五）四三二-五一五一
編集　（〇七五）四三二-五一六一
支社　〒一六二-〇〇六一
東京都新宿区市谷柳町三九-一
営業　（〇三）五二六九-七九四一
編集　（〇三）五二六九-一六九一
www.tankosha.co.jp

印刷・製本　図書印刷株式会社

ISBN978-4-473-04282-8